Ernst Mummenhoff

Nürnbergs Ursprung und Alter in den Darstellungen der Geschichtsschreiber und im Lichte der Geschichte

EHV
HISTORY

Ernst Mummenhoff

Nürnbergs Ursprung und Alter in den Darstellungen der Geschichtsschreiber und im Lichte der Geschichte

ISBN/EAN: 9783955640378

Auflage: 1

Erscheinungsjahr: 2013

Erscheinungsort: Bremen, Deutschland

EHV
HISTORY

Nürnbergs Ursprung und Alter

in den Darstellungen der Geschichtschreiber und im Licht der Geschichte

Von

Dr. Ernst Mummenhoff
Archivrat

Nürnberg
Verlag von J. L. Schrag
1908.

Vorwort.

Die vorliegenden Ausführungen sind hervorgegangen aus einem Vortrag, den ich am 16. März 1907 gelegentlich der ordentlichen Mitgliederversammlung der Gesellschaft für fränkische Geschichte gehalten habe. Es erschien mir als eine wünschenswerte Aufgabe, einmal im Zusammenhag zu zeigen, wie sich die älteren Historiker den Ursprung der Stadt vorstellten. In rein äußerlicher, naiv kindlicher Weise suchten sie ihn aus dem Namenslaut zu deduzieren, ohne auch nur im geringsten den Weg einzuhalten, den die Urkunden und Baudenkmale vorschreiben. Abgesehen davon, daß ihnen das urkundliche Material nicht in dem Umfange vorlag wie einer späteren Zeit, fehlte ihnen vor allem auch das erforderliche wissenschaftliche Rüstzeug und die kritische Methode. So gelangten sie zu den wunderbarsten Ergebnissen, die sich übrigens trotz aller ihrer Ungereimtheiten zum Teil bis auf unsere Tage erhalten konnten, um dann wieder von anderen nicht minder phantastischen Erklärungsversuchen abgelöst zu werden.

Auch für die Geschichte der Entwicklung der Historiographie in einem einzelnen, bestimmten Falle schien mir eine eingehendere Behandlung dieser Frage keineswegs bedeutungslos, sondern ebenso lehrreich als anziehend. Notwendig aber wurde die Darlegung und Widerlegung der älteren und neueren Meinungen, wenn man einen festen Boden gewinnen wollte, auf dem auf Grund des diplomatischen und monumentalen Materials ein neues Gebäude aufgebaut werden konnte.

Was ich nach dieser Richtung hin darbiete, ist das Ergebnis längerer Nebenstudien, wozu mich vor allem die alte Nürnberger Reichsburg anregte. Von ihr aus zunächst wurde Leben und Kultur in die von ihr beherrschte Landschaft getragen, und so erfüllte sie die Bestimmung, der sie ihre Entstehung verdankte, ein Hort und Bollwerk zu sein gegen das vordringende Slaventum, ein Stützpunkt deutscher Kultur. Von ihr aus und unter ihrem Schutz nahm dann die Stadt zu ihren Füßen ihren Anfang und entwickelte sich, stetig fortschreitend, zu einem der blühendsten Gemein- und Staatswesen des alten Reichs.

Gern gedenke ich bei dieser Gelegenheit der wirksamen Unterstützung, die mir zu teil wurde. Zunächst spreche ich Herrn Konservator am Germanischen Museum Dr. Fritz Traugott Schulz, der im Verein mit Herrn Architekten Dennemark den fünfeckigen Turm bis in sein unterstes kaum zugängliches Geschoß einer kritischen Untersuchung unterzog, deren Ergebnisse in Exkurs 3 und den beiden beigegebenen von Dennemark gezeichneten Plänen niedergelegt sind, meinen herzlichen Dank aus. Auch bei der Korrektur hat er mich auf das liebenswürdigste unterstützt. Ferner bin ich den Herren Architekten Prof. Jos. Schmitz und Otto Schulz für die mir gewährte freundliche Unterstützung bei der Besichtigung der Burggrafenburg zu Danke verpflichtet. In historischen Fragen empfing ich dankenswerte Winke bezw. Mitteilungen von Herrn Reichsarchivassessor Dr. Hermann Knapp in München und Herrn Konservator Oberst Freiherr v. Handel-Mazzetti in Linz. Ihnen allen, sowie auch den österreichischen Archivverwaltungen (S.S. 98), die mir die an sie gestellten Fragen bereitwilligst beantworteten, spreche ich auch an dieser Stelle meinen aufrichtigen Dank aus.

Gewidmet sei das Werkchen der Stadt, der ich so viel verdanke, die mir zur zweiten Heimat ward.

Nürnberg, 16. September 1908.

Der Verfasser.

Inhaltsverzeichnis.

I.

Nürnberg in den Darstellungen der älteren und neueren Geschichtschreiber.

Wer die älteren und zum Teil auch die neueren geschichtlichen Werke über Nürnberg in Bezug auf sein Alter und seine frühesten Schicksale durchblättert, der wird nicht wenig erstaunt sein sowohl über das hohe Alter der Stadt, als auch über die Art ihrer Gründung. Noch mehr aber wird sein Erstaunen wachsen, wenn er wahrnimmt, daß ganz verschiedene Meinungen über den Ursprung und das Alter der Stadt entstehen und sich bis auf unsere Zeit behaupten konnten.

Und es mag weiter wohl wenige Städte geben, deren Ursprung und älteste Geschichte von solch einem Wust sich widersprechender Mären und Hypothesen umsponnen ist als gerade Nürnberg. Während anderswo die sagenhaften Erzählungen in ein gewisses folgerichtiges System gebracht wurden, so daß sie in einem inneren und auch poetisch wahrscheinlichen Zusammenhange stehen, so gehen die alten Erzählungen über Nürnbergs Anfänge weit auseinander und sind in keine Uebereinstimmung zu bringen.

Das liegt aber einzig und allein daran, daß diese Erzählungen, die merkwürdiger Weise in der Zeit des Humanismus zu ihrer höchsten Ausbildung gelangten, von Gelehrten ausgeheckt, auf etymologischer Grundlage beruhen, indem sie aus dem Grundlaute des Wortes Nürnberg auch dessen ganze Gründungsgeschichte herzuleiten bestrebt sind. Zum Teil in freier Erfindung, zum Teil in Anlehnung an ältere gar nicht auf Nürnberg bezügliche Sagen baute man sich ein System zurecht, gegen das man von berufener Seite nicht anzukämpfen wagte. Zum Teil gingen diese Sagen auch ins Volk über, immer dann, wenn sie des poetischen Reizes nicht entbehrten, wie beispielsweise die Gründungssage der Kapelle von Altenfurt. So zu einer

Art Tradition geworden, leben sie zum Teil auch heute noch fort oder tauchen doch, wie die Seeschlange, immer wieder von neuem auf. Im übrigen darf nicht außer Acht gelassen werden, daß diese Sagenbildung gelehrten Ursprungs verstandesmäßig und trocken war, anknüpfend an den Laut des Namens Nürnberg.

Nach den älteren Darstellungen ist Nürnberg entweder römischen, deutschen oder keltischen Ursprungs. Von einer Ausnahme abgesehen, gehört erst der neueren Zeit die Annahme an, daß es den Slaven seine Entstehung verdanke, und in allerneuster Zeit wird wieder für den römischen Ursprung der Stadt mannhaft und gewaltig gestritten.

Der erste, der die Geschichte Nürnbergs im Zusammenhange behandelte, war der gelehrte, vielgewanderte Sigmund Meisterlin, ursprünglich Benediktiner in St. Ulrich und Afra in Augsburg, dann auf Reisen in Italien, wo er sich in Pavia den Grad eines Magisters erwarb, und in der Schweiz, wo er in St. Gallen das Amt eines Novizenmeisters bekleidete. Später taucht er als Domprediger in Würzburg auf, und im Jahre 1478 folgte er einem Rufe des Nürnberger Rates als Prediger an St. Sebald, wozu ihm 1481 noch die Pfarrei zu Lautenbach verliehen wurde. Von 1487 bis 1488 ist er als Pfarrer zu Gründlach und 1489 als Pfarrer zu Feucht nachzuweisen. Er starb bald nachher[1]).

Meisterlin blieb von dem Hauche des eindringenden Humanismus nicht unberührt, wenn man ihn auch zu den eigentlichen Humanisten nicht zählen kann. Ein schriftstellerischer Drang war schon früh in ihm rege. Schon als Benediktiner hatte er 1456 zu Augsburg die Chronographia Augustensium zum Abschluß gebracht, deren deutsche Bearbeitung er im folgenden Jahre dem Rat zu Augsburg überreichen konnte. Diese seine historische Tätigkeit und die umfassenden Studien, die er nah und fern in den alten Klosterbibliotheken gemacht hatte, empfahlen ihn ganz besonders dem Nürnberger Rat, dessen zum Teil hochgebildete Mitglieder eine Bearbeitung der Nürnberger Geschichte in der Art der Augsburger wünschen mochten. So bearbeitete er denn die Nürnberger Geschichte in lateinischer und deutscher Sprache, die Exaratio rerum gestarum inclitae civitatis Neuronbergensium und die Cronica der Stadt Nürnberg, von denen er jene gegen Ende des Jahres 1485, diese, welche den Losungern der Stadt gewidmet war, 1488 vollendete.

Meisterlin ist für die Nürnberger Geschichtsschreibung verhängnisvoll geworden. Ich kann mich hier nicht näher darauf einlassen, im einzelnen zu schildern, wie er seinen subjektiven Anschauungen überall den weitesten Spielraum gewährt, seine ausschweifende Phantasie auch nicht im geringsten zu zügeln weiß und die Lücken durch seine Erdichtungen ausfüllt, alles aber als wahr und aus den Quellen geschöpft betrachtet wissen will.

Wie es sich für einen Forscher gebührt, weist er zunächst die falschen Meinungen über die Erklärung des Namens Nürnberg, die zum Teil seine Neider vertreten, zurück. Die Meinung, Nürnberg sei zu erklären als „nur ein Berg" will ihm nicht gefallen, denn Nürnberg habe keinen Berg, sondern nur einen kleinen Bühel — Hügel —, und es seien auch ganz in seiner Nähe Berge. Andere behaupteten, Nürnberg sei zu deuten als „Norgersberg", weil es an „das Nordgee", den Nordgau, grenze, und wollten dies aus Urkunden erweisen, worin stehe: Datum in civitate Montis Noricorum. Andere wieder wollten es erklären als „Nahrungsberg". Er selbst aber hat vor kurzem in der Umgegend und im böhmischen Wald viele Klöster und Gotteshäuser[2]) aufgesucht und dort alte Bücher durchforscht, vornehmlich die alten Eusebii*), die vor 800 Jahren geschrieben seien, und die enthielten „gemeinlich Nurenberg". Ueber Nürnbergs Entstehung weiß nun Meisterlin folgendes zu berichten. Kaiser Augustus ließ durch seinen Stiefsohn Tiberius Claudius Nero die Boier oder Boioarier und das obere Pannonien, das heutige Oesterreich, unterwerfen. Er bestritt den König von Norik, das jetzt Norgee heiße, und gründete eine Kolonie, die er nach seinem Namen Tiberiadis nannte. Zu interessant erscheint, was er über den Namen dieser neugegründeten Römerstadt erzählt. Zuerst sei sie Quadrata genannt worden, weil sie aus Quadersteinen erbaut worden sei; dann von dem „Regenwasser" und dem Bach, der da in die Donau fließe, Imbripolis, Regenstadt, weiterhin Hiaspolis oder Zwiespalten, ferner Germansheim und zuletzt Reginopolis, „das ist Regensburg und Ratispona"[3]). Nachdem er noch ein Weiteres über die Unterwerfung der Schwaben um

---

*) Auch sonst beruft er sich auf Eusebius oder spricht von „Eusebius, dem bewährten Geschichtschreiber, oder den vielen Büchern des Eusebius, worunter die an Eusebius anknüpfenden und diesen fortsetzenden geschichtlichen Aufzeichnungen, wie sie namentlich in den Klöstern häufig waren, zu verstehen". Kerler in Städtechr. III, 13. S. auch Anm. 12.

20 v. Chr. erzählt, stellt er in einem besondern Kapitel dar, „wie die Heiden dieser Land wider den römischen Gewalt sich verbunden . . . und wie diese Stat Nuremberg angefangen und was zu halten sei von dem Namen". Nach der Unterwerfung der Rhätier und Vindelizier war Tiberius Claudius Nero als Triumphator in Rom eingezogen. Aber da kamen die Pannonier, die Goten, Vandalen, Illyrier und andere wilde Völker in die Lande, voraus aber der König von Thüringen. Zum drittenmal sandte Kaiser Octavian den Tiberius. Zunächst plante dieser den König von Thüringen niederzuwerfen, zog nach Augsburg und weiter in eine Gegend zunächst bei Norik, genannt Schwabenfeld[4]). Hier überraschte ihn der Herbst, auch war er noch nicht ausreichend gerüstet. So schlug er denn bei einem Felsen in einer Ebene im Wald sein Lager auf, wohin ihm doch genug Futter und Getreide aus dem Ries und dem Nordgau und anderen Landen, die ihm vorher gehuldigt hatten, zugeführt werden konnten. „Und fing an zu bauen ein Turm und hieß den specula, ein Beschauer, dorumb hielt er den Winter sein Teber"*).

Der Thüringerkönig unterwarf sich freiwillig, und Tiberius, der sich nun gegen die Pannonier wenden konnte, unterwarf alle Lande bis Konstantinopel. Da er aber bei dem Turm so lange gelagert, eine Lagerstatt gefestet und eine Burg erbaut in der waldigen Gegend und Gräben ausgeworfen, da hatte er auch eine Stadt zu einer Zuflucht den reichen Bauern in der Gegend**) hin und her in dem Wald erbaut. Und so fingen die Bewohner des Waldes an, da Kornhäuser und Speicher anzulegen, und durch gemeine Steuern ward der Flecken gestärkt und versorgt... Wunderbar genug, das bäurische Volk ward schnell in guten Sitten erzogen, so daß viele aus dem Nordgau und dem Vogtland, die jetzt adlig, sich zu ihnen gesellten und sich ihnen verbanden, den Felsen zu schirmen. Da nun die Bewohner des Fleckens treu zum römischen Kaiser hielten, erlangten sie bald den Grund des Erdreichs am Wald und Fruchtbau weit um die Stadt. Tiberius aber wollte, daß Flecken und Stadt sei eine starke Wehr, ein wohlversorgtes Schloß und eine Feste wider alle Aufläufe, Abgefallenen und Feinde. Und so ist diese Stadt gegründet

*) Tabor, Täber = Wagenburg, Lager.

**) Meisterlin: „des ertrichs".

und angefangen worden und allzeit gewesen unter den Flügeln des Adlers. „Beschehen seind diese Ding", schließt Meisterlin seinen Bericht, „zwelf Jar vor der Geburt, do ein Jungfrau gebar, als Oktavianus Augustus geregiert hat 42 Jar, olimpiadis 290 Jar, als Rom gestanden war 709 Jar, als Adam gesündet hat 5190 Jar, und das alles nach der bewertesten Rechnung". Und trotz dieser Versicherung stimmt kein Jahr[5]).

Alles aber, was er an Tatsachen vorgebracht hat, die ganze weitausgesponnene Erzählung mit ihren mannigfachen Einzelheiten — alles hat er mit einer seltenen Gabe aus einem einfachen Laute hervorgeholt, aus dem Grundlaut des Namens Nürnberg. Er beruft sich zwar auf seine Eusebii und auf Sueton und Strabo — und doch ist alles Erfindung und Phantasterei. Zunächst bildet er sich die Landschaft Norik, nicht etwa eine Bezeichnung für den Nordgau, sondern nichts anderes als das römische Noricum, aus dem Laute Nor in Nürnberg abgeleitet. In die also umgetaufte Landschaft verlegt er nun die Kriegszüge, die Tiberius im Osten des Reiches unternahm, erdichtet Züge in das obere Germanien, einen gegen den Thüringerkönig geplanten Feldzug, der aber infolge eines vorher abgeschlossenen Friedens nicht zur Ausführung kommt, unter Berufung auf Sueton[6]), der nichts davon weiß und auch nichts davon wissen kann, weil eben alles Dichtung ist; im Anschluß daran die Gründung der Stadt Nürnberg in der Landschaft Norik im Jahre 12 vor Christi Geburt, die dem Zuge des Tiberius nach Pannonien unmittelbar voraufgeht. Ein Rätsel bleibt es gleichwohl, wie Tiberius noch im Jahre 12 v. Chr. in Pannonien erscheinen konnte, denn die Gründung Nürnbergs geschah nach Meisterlin im Spätherbst. Wie war es dann aber möglich, daß er mit seinem Heere Pannonien noch im selben Jahre erreichte?

Merkwürdig ist es auch, daß der Name Nürnberg nicht mit der Landschaft Norik zusammenhängt. Für ihn gibt es wieder eine besondere Ableitung. Wie Nordlingen oder Nerolingen wird es von seinem Gründer Tiberius Nero abgeleitet, allerdings muß sich der Name eine Einzwängung in die Form Neronberg, Nerunberg oder Neuronberg gefallen lassen. Damit aber hatte er eine Erklärung des Namens und der Entstehung der Stadt geschaffen, die zum Teil mit der Abänderung, daß statt des Tiberius dessen

Bruder Drusus Nero*) als Gründer angenommen wurde, in die Mehrzahl der späteren Chroniken überging.

Diese Gründungsgeschichte Nürnbergs war allem Anschein nach Meisterlins eigene Erfindung, die er schon 1483 und 1484 vorgebracht hatte und in seiner Nürnberger Chronik nur noch weiter ausspann und ausschmückte[7]).

Meisterlin hatte sich in seiner Chronik in beinahe heftiger Weise gegen die sonst vertretene Ansicht gewendet, daß Nürnberg soviel wie Norgersberg, Berg des Nordgaus, bedeute, aber damit schaffte er sie nicht aus der Welt, wenn er sich auch auf Raimundus Marlianus und Aeneas Silvius[8]) berief. Sie wurde von Nürnberger Geschichtsliebhabern, wozu an erster Stelle Hartmann Schedel und Sebald Schreyer gehörten, um so zäher festgehalten. Schedel bemerkt in seiner 1493 in Nürnberg gedruckten Weltchronik[9]) der Meisterlinschen Aufstellung gegenüber, „die allerältesten Bücher der Geschichtschreiber nännten diese Burg ein norkäuisch Geschloß“. Um sich nämlich des Andrangs der Feinde, die nach dem Gebirge zu gesessen waren, zu erwehren, hätten die Römer auf den Bergen des Nordgaus und sonst in vielen Gegenden des deutschen Landes Burgen und Schlösser erbaut. Und so hätte auch diese Stadt eine einzige Höhe, darauf diese alte Burg zur Hut der Stadt erbaut worden sei. Wenn auch der hochberühmte Papst Pius II. zweifele, ob sie zum bayrischen oder fränkischen Lande gehöre, so zeige doch ihr Name die bayrische Zugehörung an, da sie doch „Nörmberg“, d. i. Norkaus Berg, geheißen werde. „Dann die Art oder Gegend zwischen der Thonau und Nörmberg gelegen heißt Norkau.“ Und wiewohl die Stadt, fährt er weiter fort, von etlichen für neu geachtet werde, weil in den Schriften der Alten wenig über sie geschrieben gefunden werde und auch keinerlei Fußstapfen und Anzeichen des Alters darin erschienen als allein die genannte alte Burg und etliche Häuser, so dürfe man sich doch darüber nicht verwundern, da ja auch von viel anderen trefflichen Städten nicht allein deutscher, sondern auch wälscher und anderer Lande und besonders von der in aller Welt berühmtesten Stadt Rom bezüglich ihres Ursprungs, Alters und Stifters mancherlei zweifelhafter Wohn

*) Die Vertreter dieser Meinung korrigierten Meisterlin insofern mit Recht, als im Jahre 12 vor Christi Geburt nicht Tiberius, sondern Drusus seine Züge in Germanien begann.

(Meinung) und Vermutung bei den Geschichtschreibern zu Tage trete.

Aber die Meisterlinsche Gründungslegende hatte trotz des Widerspruchs seiner Gegner damals schon in den Nürnberger gelehrten Kreisen Eingang gefunden. So hielt sie der Nürnberger Losungsschreiber Georg Alt[10]), der Uebersetzer der Schedelschen Weltchronik aus dem Lateinischen ins Deutsche, für das Glaubwürdigste, ebenso der Verfasser der deutschen Beschreibung der Stadt Nürnberg[11]), die wie die lateinische von Georg Alt dem Jahre 1492 angehört. Man kann übrigens nicht sagen, wie es der Herausgeber der Meisterlinschen Chronik in den Städtechroniken tut, daß diese Beschreibung von Alt lediglich ein Auszug aus Meisterlin sei. Es finden sich darin auch Angaben, die er aus anderen Quellen geschöpft oder auch frei erdichtet hat. Auch die Form ist durchaus verschieden, wenn auch an einzelnen Stellen Anklänge an Meisterlin zu erkennen sind. So kann er sich nicht enthalten, das von diesem gebrauchte Bild, das ihm besonders gefallen haben muß, die Stadt sei immer unter den Flügeln des Adlers — wofür er allerdings abschwächend des Cäsar setzt — geblieben, anzuwenden. Nach Alt vereinigt Tiberius mit seinem Heere auch suevische, gallische und bayrische Scharen. Im übrigen aber hat er es doch ganz im Gegensatz zu Meisterlin darauf abgesehen, für Schedel eine kurze Schilderung der Vorzüge der Stadt, ihres vortrefflichen Regiments, der vorzüglichen Kirchenzucht und der kirchlichen Einrichtungen, der Stiftungen und Almosen und schließlich der bewundernswerten Stadtbefestigung zu liefern.

In jener deutschen Beschreibung Nürnbergs aber wird zwar zunächst die Ansicht verzeichnet, daß Burg und Stadt vom Nordgau, der sich zwischen Donau und Nürnberg ausdehne, ihren Namen führten, schließlich aber doch die Meinung jener, daß sie von Drusus oder Tiberius Nero Neronberg genannt worden sei, „nach merklichem Wahn und Vermuten alter Schrift“ als wohl glaublich hingestellt. Während nun etliche annähmen, daß die Stadt von Anbeginn an unter römischer Herrschaft gestanden, behaupteten andere wieder, daß sie zuerst im Besitz des Grafen Albrecht von Franken gewesen und erst, nachdem er ohne Erben verschieden, an das Reich gekommen wäre. Hier wird allem Anschein nach das erste Eintreten Nürnbergs in die Geschichte mit dem Markgrafen Albrecht dem Babenberger, der nach seiner Empörung im Jahre 907 durch Kaiser Ludwig das Kind mit dem Tode bestraft wurde, in Beziehung gesetzt. Aller Wahrscheinlichkeit nach stützt sich diese Erzählung auf die deutsche Weltchronik des Dietrich Truchseß oder auf den Auszug aus ihr in einem Schedelschen Manuskript[12]), wo aber nur gesagt wird, daß außer Bamberg auch Nürnberg zu seinem Besitz gehört hätten, beide nun an das Reich gefallen und so Nürnberg eine Reichsstadt geworden wäre[13]).

Mit der Widerlegung all dieser aus dem Nichts erschaffenen Meinungen haben wir uns wohl nicht des näheren zu befassen. Wie die Meisterlinsche Meinung das „Nor" in Norenberg benützt, um die Neronen als die Gründer der Stadt zu erweisen, so kommen seine Gegner auf den Gedanken, Nürnberg sei nichts anderes als die Stadt des Nordgaus, und eine weitere Ansicht suchte, wie wir gleich sehen werden, den Namen der Stadt von einem sagenhaften Noricus, Norix oder Norein herzuleiten.

Meisterlin[14]) hat übrigens auch noch von einem Bilde der Göttin Diana an der Burgkapelle gehört. Die Ostfranken hätten die Diana oder Vesta verehrt. In Würzburg habe sie eine Kapelle auf dem Frauenberg gehabt und in Nürnberg, wie einige schrieben, in dem alten Turm, wo jetzt die Kapelle und ein jungfräulich Bild in der Mauer. Auch Konrad Celtis[15]) weiß von der allgemeinen Sage. Zum Beweise zeige man ein Bildnis und einige alte Abbildungen eines unbekannten Urbildes. Doch skeptisch fügt er hinzu, er, der so vieles Unerklärliche in Deutschland gesehen habe, möchte nicht behaupten, ob dem so sei oder nicht. Auch diese Sage hatte ein zähes Leben, bis auf unsere Zeit. Noch heute hört man vereinzelt von dem Tempel der Diana auf der Burg erzählen, wenn auch nicht mehr in so naiver Weise wie vor beinahe 200 Jahren, als man — man sollte es kaum für möglich halten — den Ausdruck Feste aus dem Tempel der Vesta zu erklären keinen Anstand nahm[16]).

Eine weitverbreitete und langlebige Fabel über die Gründung Nürnbergs durch Noricus*), den Sohn des Herkules, ist auf den Prior des Klosters Ebersberg Veit Arnpeck[18]), den Verfasser eines Chronicon Bajoariorum bis 1495,

---

*) Meisterlin[17]) weiß gleichfalls von Noricus oder Norix, dem Sohne des Herkules, zu berichten, aber er setzt ihn nicht direkt mit Nürnberg in Beziehung, sondern behauptet nur, daß das Noricum von ihm seinen Namen erhalten habe.

zurückzuführen. Er fand den Stoff schon in älteren Chroniken des Mittelalters, wie in der vita Bischof Altmanns von Passau und in Bernardi liber de origine et ruina monasterii Cremifanensis vor[19]), wo aber unter urbs Norica Regensburg verstanden wird.

Nach Veit Arnpeck, der es als eine keineswegs unsichere Meinung bezeichnet, daß es außer dem Herkules, der zu des jüdischen Richters Gedeons Zeiten gelebt, noch einen zweiten im Noricum, einen vor allen andern ausgezeichneten Helden, gegeben habe, kam dieser Herkules nach der Zerstörung Trojas über das schwarze Meer, fuhr die Donau hinab und blieb an einem Ort, wo er Regensburg gründete und den Noricus erzeugte, von dem die Stadt und die ganze Provinz ihren Namen erhielten. Noricus aber erbaute eine mächtige Burg auf einem Berge, die, nach ihm benannt, bis auf den heutigen Tag castrum Noricum oder zu deutsch Noremberga heiße. Mit Meisterlins Darstellung sucht Arnpeck seine Erzählung, so gut es geht, in Einklang zu bringen. Auf jeden Fall war die Burg zu Nürnberg ursprünglich von Noricus erbaut worden. Später aber errichteten die Römer gegen die Aufstände und Angriffe ihrer Feinde, im Noricum besonders gegen die Taurisker und auch sonst in den meisten Gegenden Germaniens Burgen auf Bergen und Hügeln. Besonders erwähnt er hier den Tiberius und Drusus Nero. Nürnberg aber hatte eine Erhebung, auf der zum Schutz der Stadt das älteste Kastell erbaut wurde.

Sich berufend auf Plinius und Strabo, auf Veit Arnpeck und auf den angeblichen chaldäischen Priester und Sternseher, den Babylonier Berosus, unter welchem Namen der Dominikanermönch Johannes Annius von Viterbo seine Zeitgenossen durch eine großartige Fälschung betrog, gab der Vater der bayrischen Geschichte Aventinus[20]) die Sage vom Herkules in seiner verschiedenen Gestalt, insbesondere aber vom Alman, dem deutschen Herkules, und seinem Sohne Noricus oder Norein. Noricus, des deutschen Herkules ältester Sohn, gründete nach ihm Noreia, die Stadt der Taurisker, aber auch, wie die Annalen berichteten, Neroberga, das Nereioberga der Urkunden und Kaiser[21]). Von Regensburg ist bei ihm nicht mehr die Rede. Die urbs Norica der älteren Annalen, die Stadt des Noricums, Imbripolis oder Regensburg, hat bei ihm dem mons Noricus des Otto von Freising weichen müssen. In seiner deutsch geschriebenen bayrischen Chronik[22]) erscheint Noricus als König Norein und der mons Noricus, wie er bei Otto von Freising genannt werde, als Noreins Berg. Andere berichteten noch, daß an der alten Feste zu Nürnberg alte in Stein gehauene Bilder vorhanden seien, die den deutschen Herkules und seinen Sohn Norein darstellten. Man kann sich vorstellen, daß eine Meinung, die ein so hochgeschätzter Historiker wie Aventin vertrat, auch Propaganda machte. Noch viel später wies man zum Beweis der historischen Existenz des Herkules und Norix auf die an der Ostseite des Heidentums angebrachten Figuren hin, die diese beiden sagenhaften Persönlichkeiten darstellen sollten. Der als Herausgeber der Historia Norimbergensis diplomatica jedem sich mit der Nürnberger Geschichte Beschäftigenden bekannte Carl Laz. v. Wölckern hat seinen Singularibus Norimbergensibus[23]) eine Abbildung des Heidenturms beigegeben, worin die eine der beiden dargestellten Figuren ganz deutlich als Herkules mit einer mächtigen Keule erscheint.

Die bisher angeführten Erzählungen nehmen Nürnberg als römische, aber auch schon, wie Hartmann Schedel und Aventin, als deutsche Ansiedlung in Anspruch. Dazu gesellte sich schon früh eine weitere Meinung, die den keltischen Ursprung annahm. Sie ging allem Anschein nach gleichfalls auf schon vorhandene Erzählungen zurück. Konrad Celtis, der sie zuerst bringt, will sie nämlich aus den Berichten gewichtiger Schriftsteller übernommen haben[24]). Als die Noriker, so erzählt er, von den Hunnen verdrängt wurden, erkannten sie die Bedeutung des Ortes Nürnberg, seine Sicherheit vor Angriffen, seine günstige Lage in der Nähe des Flusses und erbauten dort eine Burg von rohem Bau. An den Flußufern errichteten sie Schmelzwerke, Schmieden und Werkstätten, das Eisen zu bearbeiten und zu erweichen, eine Kunst, worin dieses Geschlecht von altersher berühmt war, errichteten Räder, die durch die Gewalt und die reißende Kraft des Flusses getrieben wurden, und Maschinen, zu verschiedenen Zwecken und Künsten erfunden. Als sich der Nachwuchs mehrte und die Hirten vom Herzynischen Walde und die Eingebornen unablässig herbeistömten, türmte man Felsen und Stämme kühn zu einer Befestigung auf und gürtete die Stadt mit einem Graben. Diese Menschen von unterschiedlichen Gewerben und Sitten, ein Abschaum ohne Führer und Gesetze, vereinigten sich hier. Hingegeben dem Diebeshandwerk und dem Raube, machten sie eine Zeitlang Deutschland unsicher. Deshalb brachen die Kaiser, die Konrade und Heinriche, die Feste mit ihrer Burg und zerstörten sie. Aber nicht eher konnte den Raubzügen dieser ungebändigten Waldmenschen Einhalt geboten werden, bis der Kaiser ein Heer den Hügel hinaufführte, Mauern errichtete und eine Kolonie ansiedelte, während er sich auf der stärksten Burg einen Sitz erbaute. Veteranen und Ausgediente ließ er zurück, denen er die Zügel der Regierung anvertraute, ihnen befehlend, die weiten Wälder von den Räubern zu säubern.

Es ist sofort deutlich zu erkennen, auf welche Momente sich diese gelehrte Sage stützt. Der Name der Stadt, die Geschichte der Völkerwanderung, die Rauhheit der Sitten und das Raubwesen jener Zeit zusammen mit dem späteren gewerblichen Aufschwung der Stadt, die besonders auch durch ihre künstliche Schmiede- und Metallarbeiten und ihren technischen Betrieb unter Verwendung der Wasserkraft allgemeine Bewunderung erregte, haben in gleichem Maße zu ihr Paten gestanden.

Diese Ansicht fand bei den Späteren außerordentlichen Beifall. Es traten ihr von den Nürnberger Historikern bei Casp. Sagittarius[25]), Joh. Chr. Wagenseil[26]), Prof. Christian Gottlieb Schwarz in Altdorf[27]), der aber, wie schon vor ihm wenn auch nicht in derselben Deutlichkeit Sagittarius, die Meinung ausspricht, daß sich die Gründung durch vor den Hunnen geflüchtete Noriker zur Zeit König Heinrichs I. zugetragen habe, endlich der brandenburgisch-ansbachische Hofrat und Historiograph Heinrich von Falckenstein unter dem Pseudonym Johannes ab Indagine[28]). Selbst Lochner[29]) hält die Gründung Nürnbergs durch vor Attila geflohene Noriker für sehr wohl möglich, andererseits aber nicht für nachweisbar. Die Konjektur, die sich auf die Namensähnlichkeit von Noriker und Nürnberg stützt, erklärt er indes für sehr schwach und die Annahme von Schmiedewerken und Eisenhütten durch Steiermärker für unberechtigt.

Auch Pirckheimer[30]) trat für die Gründung Nürnbergs durch Noriker ein, die aber nach ihm, von den Römern vertrieben, über die Donau vorgedrungen waren.

Der Heidelberger Rektor Franciscus Irenicus (Friedlieb)[31]), ein begeisterter Verehrer und Lobredner Pirckheimers, hatte die Ansicht, daß Nürnberg in der Zeit, als die Ungarn in Deutschland eingefallen waren, von den Anwohnern (vicinis) gegründet worden sei, damit die Deutschen sich dieses Ortes zur Beförderung der Dinge sicher bedienen könnten, wohl aus dem Pirckheimer-Celtischen Kreise übernommen.

Die Zurückführung Nürnbergs auf den mythologischen Noricus, den Sohn des deutschen Herkules, oder auf die Noriker wollte indes doch nicht jedem behagen. Wurden die Noriker später wieder von den Bayern bezwungen, so hätte das Land nach den Siegern, nicht nach den Besiegten benannt werden müssen. Und so geschah es denn auch. Aber es war längst vor der Hunnen Zeiten, daß ein Heerführer namens Nörein oder Norein die Stadt gründete und ihr seinen Namen gab[32]).

Celtis und Pirckheimer vertraten übrigens nicht allein die Ansicht der Gründung Nürnbergs durch die Noriker, nach ihnen war die Stadt zugleich das alte Segodunum des Ptolemäus[33]). Celtis will es aus der Vergleichung der Länge und Breite ermittelt haben, hat aber wohl aus der 1486 erschienenen 2. Ulmer Ausgabe des Ptolemäus[34]) geschöpft, die zuerst die von diesem aufgeführten Ortsnamen erklärte, so, um einige Beispiele von Ortschaften, die unserer Gegend zugewiesen werden, anzuführen, Gramonarium*) mit Bamberg, Locoritum mit Forchheim, Tiviona*) mit Neumarkt, Segodunum mit Nürnberg. Diese Ansicht hielt sich bis auf unsere Tage.

Wie wenig Gewicht aber solch willkürlichen Deutungen beizulegen ist, möge daraus hervorgehen, daß andere dieses Segodunum in Siegen[35]) oder in Czaslau in Böhmen[36]) wiederfinden zu müssen glaubten. Auch der spätere Nürnberger Historiker Joh. Paul Roeder[37]) nahm Segodunum für Siegen, was ganz und gar unhaltbar ist. Er hatte nämlich in einem Manuskript des Pfarrers Sunleiter in der v. Ebnerschen Bibliothek die Entdeckung gemacht, daß Nürnberg dem Bergium des Ptolemäus gleichzusetzen sei, und trat dieser Meinung wegen der angeblichen Gleichheit der Längen- und Breitenbestimmungen bei**).

---

*) Lesart in der Ptolemäusausgabe von 1486, nach der Pariser Ausgabe von C. Müller v. J. 1883 Gravionarium und statt Tiviona Devona zu lesen.

**) In der neueren Zeit erklärte man Locoritum als Lohr am Main[38]), Bergium als Bamberg und Segodunum als Würzburg[39]). Soll Bergium in der Bamberger Gegend angenommen werden, so dürfte wohl eher noch

Mit Bergium wird ebenso wie mit der Herleitung Nürnbergs vom Nordgau und von Noricus, dem Sohne des deutschen Herkules, eine deutsche Erklärung versucht. Aventin, der, wie wir sahen, die Gründung der Stadt dem Noricus zuschreibt, läßt im 5. Jahrhundert den bayrischen König Adelger, Haunwolfs des Scheirers Sohn, aus dem Geschlecht König Almans, des deutschen Herkules, den Nordgau, der Bayern alte Heimat, erobern[41]). Die Bayern blieben friedsam im Nordgau und ihr König Adelger hauste auf der Feste Nürnberg, aber auch nicht weit davon im Dorfe Roßstall und zum Hilpoltstein, das nach ihm Adelgersberg in den alten Briefen genannt werde, ferner zu Lautershofen bei Kastl und Ammerstal zwischen Kastl und Amberg, Cham, Nabburg; das seien die alten Häuser der alten bayrischen Fürsten. An den Herzog oder König Adelger, den Herrn der Nürnberger Feste, glaubt auch der spätere v. Wölckern, nur hält er ihn nicht für einen Nachkommen des deutschen Herkules, den er sogar mit dem Worte: Heerkeule und an anderer Stelle mit Hertog = Herzog zusammenzubringen keinen Anstand nimmt[42]).

Auch in dem Bremberga des Kapitulars Karls des Großen vom Jahre 905, in Theodonis villa datum[43]), hat man Nürnberg wiederfinden wollen[44]) und noch heute hört man Gelehrte dieser Meinung beipflichten[45]). Die Händler, welche vom Slavenlande durch Sachsen und Süddeutschland bis zu den Avaren zogen*), standen unter dem Schutz und Geleit der missi dominici an besonders genannten Orten und in deren Bezirken, und zwar in Bardowieck, Schedla, Magdeburg, Erfurt, Hallstadt, Forchheim, Bremberg, Regensburg und Lorch.

Die genannten Orte hatten ihre eigenen Missi bis auf Forchheim, Bremberg und Regensburg, die unter dem gemeinschaftlichen Missus Audulf standen. Für Bremberg wußte man nun keinen anderen Ort von Bedeutung ausfindig zu machen als das angeblich in der Mitte liegende

---

an die Altenburg zu denken sein. Bezüglich Segodunums aber ist in letzter Zeit wahrscheinlich gemacht worden, daß es nicht, wie man sonst auch angenommen hat, Burg-Sinn, sondern, wie schon die Bavaria will, Segnitz im Bezirksamt Kitzingen gleichzusetzen ist[40]).

*) In dem Kapitulare heißt es nämlich: De negotiatoribus, qui partibus Sclavorum et Avarorum pergunt, quousque procedere cum suis nogotiis debeant, id est partibus Saxoniae usque ad Bardaenowic etc.

Nürnberg. Es fiel auch nicht schwer, durch philologisch-paläographische Interpretation und Emendation den Beweis zu erbringen. Der Anlaut B war aus N verlesen, e und r umgestellt, ursprünglich hatte es Nermberg gelautet. Das war freilich eine etwas gewaltsame Lösung des nicht einmal schwierigen Problems, die denn auch nicht viel später der schon mehrfach erwähnte Brandenburgische Historiker Joh. Heinrich v. Falckenstein fand. Das Bremberga des Kapitulare Karls des Großen ist nämlich, wie schon Falckenstein [46]) auf das bündigste nachweist, nichts anderes als das uralte Premberg in der Oberpfalz, das schon 961 [47]) in einer Urkunde König Ottos I. und sonst unter dem Namen Priemperch begegnet.

Aber etwas anderes darf man aus dem Kapitulare von 905 schließen, daß nämlich Nürnberg damals noch gar nicht bestand. Denn wäre es schon in jener Bedeutung, wie man will, oder als ein nur noch geringer Rest einer römischen Kolonie vorhanden gewesen, so hätte ihm der kaiserliche Missus wohl ebensowenig gefehlt wie den nichtrömischen Orten Forchheim und Premberg.

Karl der Große und Bonifazius werden mit Nürnberg gleichfalls in Beziehung gesetzt [48]). An der Sage vom hl. Sebald hatte man noch nicht genug, es mußte auch Bonifazius als erster christlicher Lehrer in Nürnberg auftreten und das St. Peterskirchlein erbauen. Jene Sage aber, die Karl den Großen ganz besonders mit der Nürnberger Gegend verknüpfte, hat wieder Sigmund Meisterlin [49]) aufgebracht oder doch festgehalten. Als Karl von Sachsen heimkehrte, um sich gegen die Pannonier zu wenden, die dem Bayernherzog Thassilo zu Hilfe gekommen waren, zog er über Nürnberg. Damals jagte er auch im Reichswald und übernachtete da unter Zelten. Nun war es seine Gewohnheit, daß er St. Dionysius Heiltum und St. Martins Chorkappe oder Mantel mit sich führte. Dazu hatte er ein besonderes Zelt, worunter er auch die hl. Sakramente bewahrte. Als er nun abziehen wollte, sprach er: „Was Gott einmal geweiht hat, soll nicht wieder gebraucht werden zu menschlichem Nutz“. So erbaute er zu Ehren der hl. Katharina eine Kapelle in der Form des Zeltes im Walde bei Altenfurt.

Diese ansprechende Sage, die Meisterlin wohl schon vorfand und nur noch weiter auszuschmücken brauchte, bürgerte sich rasch ein und wurde gern als historische

Wahrheit betrachtet, als solche immer wieder aufgefrischt und steht noch heute auch bei den Gebildeten in großem Ansehen[50]).

Die Frage nach dem Namen und Ursprung Nürnbergs beschäftigte übrigens nicht bloß die einheimischen Geschichtschreiber, auch eine Reihe nichtnürnbergischer Sprachforscher, Historiker und Geographen aus dem Ende des 16. und dem 17. Jahrhundert befaßten sich mit diesem, wie es scheint, allgemein anziehenden Problem[51]). So vertrat Stephan Ritter, Rektor des Gymnasiums zu Korvei, die Meinung, Nürnberg, der Mons Noricus, sei nach dem Noricum benannt worden. Der von Celtis aufgebrachten beliebtesten Ansicht der Gründung Nürnbergs durch vor den Hunnen geflohene Noriker huldigten Stephanus Vinandus Pighius von Kampen in Xanten[52]), Johannes Limnaeus zu Ansbach, Mathäus Dresser zu Leipzig und der Niederländer Peter Bertius. Hermann Conring zu Helmstedt leitete den Namen von den bei Tacitus begegnenden Nariskern ab, deren Namen er in Norisker emendierte. Wie Bertius u. a. sprach er sich auf das entschiedenste gegen die Annahme der Gründung durch Drusus und Tiberius Nero aus, an der aber von anderen Gelehrten, wie dem erwähnten Stephan Ritter und dem berühmten Kartographen Gerhard Mercator von Duisburg, festgehalten wurde.

Die Meinungen der älteren Schriftsteller über den Ursprung, das Alter und die älteste Geschichte Nürnbergs waren so verschiedenartig und einander so widersprechend und entgegengesetzt, daß es auch dem Nürnberger Geschichtschreiber, der es zuerst unternahm, in seinem umfassenden Werk eine Geschichte der Stadt auf Grund der Urkunden und sonstigen geschichtlichen Quellen zu bieten, nicht gelang, hier auch nur einigermaßen Ordnung zu schaffen. Der Nürnberger Ratschreiber und Annalist Johannes Müllner (1565—1634)[53]), der für die historische Zeit der Nürnberger Geschichte einen so außerordentlichen Fortschritt bedeutet, der aufbauend und klärend wirkte und dessen Annalen bis auf den heutigen Tag in den Geschichtswerken nachzuweisen sind und ohne viele Umstände einfach als Quellen ausgebeutet wurden, hat zur Ausrottung der alten Geschichtsfabeln, die wie ein wildes Gestrüpp hervorgeschossen waren, nur wenig beigetragen, obschon er noch am ehesten dazu den Beruf gehabt hätte. Es fehlte ihm der Mut, mit den alten Geschichten zu brechen und die Axt an die Wurzel zu legen. Er hat durch seine Unentschiedenheit zur Befestigung der Ansichten der Meisterlin, Arnpeck, Aventin, Celtis nur beigetragen und damit der Geschichte seiner Vaterstadt einen schlechten Dienst erwiesen.

Zwar hat er eine Reihe von Irrtümern auch aus der vorgeschichtlichen Zeit beseitigt und den Anlauf genommen, der Gründungsgeschichte Meisterlins entgegenzutreten. Aber er verfiel damit nur der anderen irrigen Ansicht des Celtis und Pirckheimer, ohne aber damit, wie es doch selbstverständlich hätte sein müssen, dem Meisterlin völlig zu entsagen, dessen Meinung er schließlich auch für probabel hält.

Zwar nennt er einmal sogar Meisterlins Darstellung des Ursprungs der Stadt Konjekturen und Vermutungen, aber keineswegs in dem Sinne, als ob er sie nun auch verwerfe, im Gegenteil, er verfällt immer wieder seinem bestrickenden Einflusse.

Im allgemeinen referiert Müllner und hält mit der eigenen Meinung hinter dem Berge, vermutlich, weil er sich gegenüber den älteren Autoritäten nicht in bestimmter Weise auszusprechen getraute und wohl auch zu einer festen Ansicht nicht gelangt war. Ganz entschieden verwirft er die Ansicht Celtis' und Pirckheimers, welche das Segodunum des Ptolemäus und Strabo Nürnberg gleichsetzten, da Peucer und andere Astronomen die geographische Länge Nürnbergs mit 28 Grad 20 Minuten und seine Breite mit 49 Grad 24 Minuten gefunden hätten. Daraus müßte gefolgert werden, daß Segodunum um 45 Meilen weiter östlich gelegen sei, übrigens eine Rechnung, die noch viel weniger zutrifft.

Im Grunde vertritt Müllner die Ansicht des Celtis, daß Nürnberg den vor den Hunnen geflüchteten Norikern seinen Ursprung verdanke, die an der Pegnitz Hammerwerke und Schmelzhütten angelegt hätten. Auch die weitere Vergrößerung der Stadt führt er immer wieder zum Teil wenigstens auf die Anlage neuer Industriewerke an der Pegnitz zurück. Aber er ist doch seiner Sache nicht ganz sicher. Wenn er nämlich einerseits meint, Celtis' Annahme komme der Wahrheit näher als die Hypothese des Meisterlin, so kann er sich andererseits doch nicht von dem Gedanken trennen, daß schon vor den Zeiten Attilas etwas an diesem Orte vorhanden gewesen sein müsse, das den

Einwohnern des Landes Anlaß gegeben hätte, ihre Zuflucht bei diesem Berg zu suchen.

Schließlich kann er zwar das Alter der Stadt nicht so weit hinaufrücken wie das der Städte Trier, Zürich, Worms, Mainz, Regensburg u. a., aber wenn man bedenke, daß Nürnberg schon von König Konrad I. mit Mauern umgeben worden sei, so könne es doch auch nicht, wie etliche vermeinten, für eine gar neue Stadt gehalten werden, sondern hätte ohne Zweifel die Freiheit einer Reichsstadt eher oder doch zugleich mit und neben den ältesten Städten Deutschlands erlangt. Hier ist allerdings bei ihm vom römischen Ursprung der Stadt nicht die Rede, aber an einer anderen Stelle spricht er es deutlich genug aus, daß Nürnberg auf die Römer zurückgehen könne. So immer bei ihm ein unentschiedenes Schwanken, eine Unsicherheit, die ihn zu keinem festen Urteil kommen läßt! Zwar sieht er in manchen Fragen der vorgeschichtlichen Zeit klarer, verfährt kritischer und beseitigt manch unrichtige Meinung seiner Vorgänger, aber mit den alten Gründungsgeschichten hat er doch nicht aufzuräumen vermocht und seine Bedeutung als Geschichtschreiber beginnt erst mit dem Momente, wo er in die Schilderung der eigentlichen Geschichte Nürnbergs eintritt.

Es dauerte noch eine geraume Zeit, bis man die Fabeln von dem römischen oder keltischen Ursprung der Stadt und ihrem hohen Alter als das hinzustellen unternahm, was sie waren. Der Widerspruch gegen diese althergebrachten Meinungen, die sich so tief eingenistet hatten, daß es in der Tat ein Unternehmen war, gegen sie anzukämpfen, ging nicht etwa von Nürnberger Geschichtschreibern aus, sondern es war die Gegenseite, es waren brandenburgisch-ansbachische bezw. preußische Schriftsteller, welche hier kritisch einsetzten, dieselben, welche die Ansprüche der Rechtsnachfolger der Burggrafen in ihren Deduktionen verfochten.

Zunächst war es der kgl. preußische Geheimrat Johann Peter Ludewig [54]), der dem allgemeinen Glauben an das hohe Alter der Stadt auf das entschiedenste entgegentrat. Nürnberg sei gar nicht so alt. Wohl würden in der weiteren Umgegend die Städte Bamberg, Würzburg, Forchheim, Ansbach u. a. bei den ältesten Geschichtschreibern genannt, Nürnberg aber begegne erst bei Lambertus Schaffnaburgensis i. J. 1072 [55]). Es sei zunächst nichts anderes als ein den

Burggrafen unterworfenes Städtchen gewesen, das im 11.—13. Jahrhundert ausschließlich castrum und castellum Nurnberg, nicht aber civitas oder urbs heiße und das nicht reichsunmittelbar, sondern anfangs eine bayrische, dann eine schwäbische Landstadt gewesen sei.

Soviel Unrichtiges und Schiefes Ludewig hier wie in seinen sonstigen Ausführungen über Nürnberg, Burg wie Stadt, über das Verhältnis der Stadt zum Burggrafen, ihre Stellung als Landstadt auch vorbringt und in welch unglaubliche Widersprüche er sich auch sonst noch verwickelt, Eines muß ihm doch als ein besonderes Verdienst angerechnet werden: er war der Erste, der mit den alten Fabeleien zu brechen wagte und darauf hinwies, daß man sich an die historischen Quellen zu halten habe. Ludewig war auch der Erste [56]), der die Chronik des Sigmund Meisterlin, in deren Besitz er sich nach vieler Mühe gesetzt hatte, im Druck und zwar vollständig veröffentlichte, aber nicht etwa, weil er an ihr ein besonderes Gefallen gefunden hätte. Er charakterisiert Meisterlin vielmehr als einen Günstling der Ersten des Rats, denen zu Liebe er sein Werk um Lohn geschrieben habe. Er macht schon auf manche Irrtümer bei Meisterlin aufmerksam, an erster Stelle aber weist er auf die Fiktion der Gründung der Stadt durch Tiberius Claudius Nero hin.

In einer viel radikaleren Weise ging dann der brandenburgisch-ansbachische Hofrat Johann Heinrich von Falckenstein gegen die nürnbergischen Pseudohistoriker vor. Ganz besonders unter dem Pseudonym eines Johannes ab Indagine [57]) zerstörte er mit unbarmherziger Hand die Fabeln und Erdichtungen, welche die Meisterlin, Schedel, Arnpeck, Celtis und Pirckheimer, Aventin und ihre Nachtreter wie Sagittarius, Wagenseil, v. Wölckern, dann Röder u. a. aufgebracht oder übernommen, um allerdings wieder in den von Celtis übernommenen Irrtum, wonach die Gründung Nürnbergs auf die vor den Hunnen geflüchteten Noriker zurückzuführen sei, zu verfallen. Aber nicht zu Attilas Zeiten, wie Celtis meint, sondern erst zur Zeit der Hunneneinfälle im 10. Jahrhundert und später nimmt er die allmähliche Erbauung der Stadt an [58]).

Gegen die trotz aller berechtigten Einwände fröhlich fortwuchernden Meinungen von der Gründung Nürnbergs durch die Neronen oder Noriker wandte sich dann auch in einer eigenen Schrift [59]) der Plassenburger Archivar Joh.

Basilius Seidel, um seinerseits wieder in andere Irrtümer zu verfallen. Nach ihm ist die Burg zu Nürnberg eine der allerältesten und um einige Säcula älter als die Stadt selbst. Woher der Name Nürnberg abzuleiten, kann so wenig mit einiger Gewißheit behauptet werden, als um welche Zeit und von wem die Burg erbaut worden sei. Es ist aber anzunehmen, daß sie spätestens schon zur Zeit der Karolinger gestanden habe und als eine Grenzfeste wider die damals noch nicht gänzlich bezwungenen und sich bis dahin ausdehnenden wendischen oder slavischen Völker anzusehen sei.

Mit diesen Behauptungen tappt nun freilich Seidel zum Teil ebenso im Nebel herum wie Meisterlin und Celtis mit ihren Aufstellungen vom römischen oder keltischen Ursprung Nürnbergs.

Eines aber ist bemerkenswert. Es ist die bei ihm zuerst begegnende Aufstellung, daß die Burg zu Nürnberg als eine Grenzfeste gegen die vorgedrungenen Slaven errichtet worden sei. Und ebenso richtig ist seine weitere Behauptung, daß das castrum Nurnberg mit seinem besonderen Distrikt . . . „ein fundus imperii, ein fundus fisci regii“ gewesen sei.

Von den nürnbergischen Historikern war es zunächst der Prof. der Rechte zu Altdorf Johann Christian Siebenkees[60]), der den Mut fand, sich von den früheren Auffassungen der Gründung Nürnbergs zu emanzipieren. Er stellte sich zuerst bewußt und ausgesprochen auf den Boden der urkundlichen Forschung, unter Urkunden „nicht nur die eigentlichen Diplome, sondern alle Aktenstücke und Aufsätze“ verstehend, „welche entweder dazu bestimmt sind oder dazu gebraucht werden können, einen Vorgang auf die Nachwelt zu bringen“. Die „Urkunden stehen ihm obenan“, wenngleich sich aus ihnen allein noch keine Geschichte herstellen lasse. Er hatte ohne Zweifel recht darin, daß er die Urkunde als Kontrolle für die sonstigen historischen Dokumente betrachtet wissen wollte. Bezüglich der älteren Nürnberger Geschichte bemerkt er schon im Eingang seiner „Kleinen Chronik der Reichsstadt Nürnberg“ vom Jahre 1790, der erste Zeitraum enthalte nur wenige zuverlässig bekannte Tatsachen und sei sehr arm an erweislichen Tatsachen. Desto mehr in dieser Periode beruhe dagegen auf Sagen und Vermutungen, von denen viele keine Wahrscheinlichkeit hätten, manche offenbar unstatthaft seien, manche auch selbst von einander beträchtlich abwichen.

Die Begebenheiten, welche spätere Schriftsteller und der Schwall der einheimischen Chroniken von Nürnberg erzählten, reichten zwar viel weiter hinauf bis ins 11. Jahrhundert. Allein das historische Leben Nürnbergs fange doch erst in diesem Jahrhundert an, und erst da sei die Existenz Nürnbergs historisch erweislich. Kein Denkmal, keine Urkunde, kein gleichzeitiger Schriftsteller beweise die frühere Existenz dieser Stadt.

Die älteste Urkunde, in welcher der Name Nürnbergs vorkomme, sei von 1062, und aus ihr lerne man es als einen Ort kennen, der zwischen 1039 und 1056 bereits Marktfreiheit, Zoll- und Münzrecht von Kaiser Heinrich III. erlangt, welche Rechte auch Hersbruck 1060 und Fürt 1062 erhalten hätten.

Hieraus lasse sich doch mit Wahrscheinlichkeit auf die Existenz Nürnbergs im nächstvorhergehenden Jahrhundert, in welchem im innern Deutschland erst mehrere Städte entstanden, schließen; allein wann, von wem, aus welcher Veranlassung es erbaut worden, ob die Burg oder die Stadt älter sei, von welcher Beträchtlichkeit sie schon im 11. Jahrhundert und ob sie 1017 schon ein Ort war, der belagert werden konnte, wisse man nicht.

Wenn man nun zwar hier wie sonst den Ausführungen Siebenkees' nicht in allem beistimmen kann, so muß man andererseits doch anerkennen, daß er unbefangen, sachgemäß und kritisch verfährt und so zu Ergebnissen gelangt, die von der Wahrheit nur wenig mehr entfernt sind.

Während andere Nürnberger Geschichtschreiber wie Will[61]), Hirsch[62]), Truckenbrot[63]), Murr[64]) u. a. an der am hartnäckigsten vertretenen Fabel der Gründung Nürnbergs durch die Noriker mehr oder weniger festhielten, gelangte Siebenkees schon zu einem Ergebnisse, womit er sogar den späteren Historikern des 19. Jahrhunderts wie Moritz Maximilian Meyer[65]), Priem[66]) und selbst Lochner[67]) vorauseilte. Andererseits aber kam man jetzt immer mehr dazu, mit den vielfachen Fabeleien und Hypothesen gründlich zu brechen, welche man zur Hinaufrückung des Ursprungs der Stadt in eine fabulose Zeit für geboten erachtet hatte, und sich einfach auf den rein historischen Standpunkt zu stellen. Von den neueren Historikern, die diesen Standpunkt vertreten, sind zu nennen Dr. Fried. Mayer[68]), Marx[69]) und

Ghillany [70]), und unter den neuesten ernst zu nehmenden ist wohl keiner mehr, der daran dächte, Nürnberg auf die Römer oder Noriker zurückzuführen und seinen Ursprung über den Anfang des 11. Jahrhunderts hinaus anzusetzen.

Allerdings ist erst in jüngster Zeit eine neue Meinung aufgekommen, die unsere Stadt wieder als römische Gründung in Anspruch nimmt [71]). Nach dieser neuen Theorie mit ihrer neuen Terminologie ist Nürnberg eine römische Exkubie wie so viele andere fränkische Burgen, d. h. eine Vorburg des Limes und zwar des schwäbischen Limes bei Gunzenhausen; auf der großen Agrarie oder Viehweide hüteten Wendenknechte, die in den unterirdischen Gängen in und bei Nürnberg hausten, das Vieh, insbesondere die zum Heeresdienst erforderlichen Pferde. Das im 11. Jahrhundert (1025) urkundlich zum erstenmal erscheinende Mögeldorf war eine königliche Villa, Mansio oder Kemenate; die Befestigung auf dem Rechenberg mit ihrem angeblichen unterirdischen Zufluchtsort das dazu gehörige Kastellum; den Burgstall — angeblich eine wirkliche Stallung für Pferde! — „findet man“ nach diesen Forschungen neuesten Datums „in dem Bereich, dessen Mittelpunkt der jetzige fünfeckige Turm bildet, charakterisiert durch die heute noch in dem Namen Tiergärtnertor erhaltene Bezeichnung Tiergarten, auf dem Höhenzuge Kritsch-Dillberg*) befand sich die Agrarie oder die Hardt“.

Zu dieser neuen Aufstellung möge hier nur bemerkt werden**), daß in und bei Nürnberg noch nie römische Funde irgend welcher Art gemacht wurden, daß nach dem übereinstimmenden Urteil sachverständiger Architekten und Kunsthistoriker der fünfeckige Turm ein Bauwerk der romanischen Periode des 11. Jahrhunderts darstellt und auf diese Zeit auch die Anhaltspunkte hinweisen, die die Geschichte bietet.

Auch die wenig ältere Annahme Winklers [72]), wonach die Stadt römischen oder doch römisch-fränkischen Ursprungs

---

*) Gemeint ist die Gritz, die höchste Erhebung auf dem Schmausenbuck. Dillberg bei Neumarkt. In der Tat eine ausgedehnte Agrarie und die in den unterirdischen Gängen Nürnbergs hausenden Wendenknechte mußten sich sputen, wenn sie ihrem Dienst als Pferdehüter ordentlich genügen wollten.

**) Nur darauf möchte ich hinweisen, daß das Tiergärtnertor nicht von einer Agrarie oder Viehweide, sondern von dem Tiergarten der Burggrafen vor demselben seinen Namen erhielt.

sei, entbehrt völlig der historischen Unterlage und beruht einzig und allein auf der subjektiven Deutung des Stadtbildes und einiger angeblicher Steinmetzzeichen aus der römisch-fränkischen Zeit, die sich am Walburgisturm eingegraben finden sollen. Nach Winkler ist der fünfeckige Turm römisch oder fränkisch, die Walburgiskapelle wegen der an ihr vorkommenden Fischgrätenornamente aus dem 8. bis 10. Jahrhundert fränkisch und die Stadt selbst als fränkische Anlage des 8. und 9. Jahrhunderts ganz genau nachzuweisen.

Den Schluß der römischen Gründungsgeschichten möge die gelehrte Entdeckung des alten seligen Andreas Goldmayer von Gunzenhausen bilden. Mathematiker und Astronom, als welcher er 1654 dem Regensburger Reichstag seine Vorschläge zur Verbesserung des alten Kalenders vorlegte, vom Kaiser Ferdinand III. zum kaiserlichen Pfalzgrafen ernannt wurde, es aber zu nichts brachte, sondern in größter Dürftigkeit im Spital zu Nürnberg starb, betrieb er es als Spezialität, die historischen Ereignisse auf mathematisch-astrologischem Wege der Zeit und den Umständen nach zu bestimmen. In seinem „Irdischen Paradeis“ [73]) vermag er aus Stand und Lauf der Gestirne durch mathematisch-astronomische Berechnung die Erschaffung der ersten Menschen, ihr Leben im Stand der Unschuld, die Gegend des Paradieses, die Empfängnis und Geburt des Kain, des ersten Menschen aus menschlichem Samen entsprossen, und noch vieles andere Merkwürdige und für seine Zeitgenossen Wissenswerte ganz genau unter Angabe von Stunde, Minute und Polhöhe zu bestimmen. Die ganze jüdische und sonstige Geschichte weiß er auf diesem neuen Wege klarzulegen.

In seinem „Irdischen Jerusalem“ [74]) bestimmt er in der Einleitung auch das Alter der Stadt und der Burg zu Nürnberg. Demnach wurde die Stadt erbaut „im 26. Jahr nach Christi Geburt, den 3. April, am Dienstag, und fundieret um 8 Uhr 57 Minuten vormittags. Des H. Römischen Reichs Vestung zu Nürnberg wurde fundiret im Jahr der Welt 3771, im 14. Jahr vor Christi Geburt, am Dienstag den 9. April umb 8 Uhr Vormittag, und als sie erreicht hatte einen Triangul von 1440 Jahren, im Jahre 1427, wurde sie mit der Stadt conjungiret und bekam die völlig Perfektion“.

Das geht noch weit über Sigmund Meisterlin hinaus.

Die Erklärungen, welche in Nürnberg eine slavische

Ansiedlung erkennen wollen, sind sämtlich, von der Ansicht Seidels abgesehen, neueren und neuesten Ursprungs. So die Herleitung von Norje gleich Berg, Norje-Berg eine slavisch-deutsche Verdoppelung, Berg-Berg, oder von Na-Horu, auf dem Berg, wieder unter Verkuppelung mit dem deutschen Berg, also „auf dem Berg-Berg“ [75]). Oder man leitet es ab von dem slavischen Gott Nor, Noro oder Nuoro [76]), der erst wieder aus dem Namen Nuorenberg herausgeschält werden mußte, Berg des Noro, auf dessen Höhe das Heiligtum dieses Gottes gestanden hätte, oder von dem slavischen Nura gleich Schlupfwinkel, also Berg des Versteckes [77]), und führte es endlich zurück auf das Partizipium noren oder nuren = versenkt, überflutet, also der überflutete oder versunkene Berg, oder besser noch, da borik Wald und insbesondere Föhrenwald bedeutet, der überflutete oder versunkene Föhrenwald. Unser Paniersberg aber ist entstanden aus Norenboric und dem Präfix po = an, bei, also po — Norenboric, gleich — am versunkenen Föhrenwald, am Sumpfwald. Nach der Erklärung ist dieses po-Norenberc oder Paniersberg ein von den Rednitzwenden angelegter kleiner Ort, die Uransiedlung von Nürnberg [78]. Auf den Wert oder Unwert dieser Erklärungen brauche ich hier wohl nicht näher einzugehen.

Die Gegend um Nürnberg kann natürlich auch nicht deutsch, sie muß slavisch sein. Der ganze Anbau ist auf die Slaven zurückzuführen [79]), die auch groß in der Gartenkunst gewesen sein sollen. Die Anlage der Häuser im Knoblauchslande mit den tief herabreichenden Walmdächern ist natürlich slavisch, die leider jetzt fast gänzlich verschwundene Tracht der Bäuerinnen nicht minder slavisch. Man macht da, ebenso wie bei der Annahme Nürnbergs als römische Gründung, nicht viel Umstände. Mit großem Nachdruck und unwidersprechlicher Sicherheit vorgetragene, unbewiesene und unbeweisbare subjektive Meinungen, für die ganz unhistorische Beweismomente herbeigezerrt werden, müssen die auf Quellen beruhende Beweisführung ersetzen.

Zu erwähnen wären endlich noch die in neuester Zeit auftretenden Versuche, den Namen unserer Stadt und damit auch ihre Entstehung als deutsch zu erweisen. So hat man Nürnberg mit den Nornen in Beziehung gesetzt, die an drei Brunnen auf der Burg Verehrung genossen hätten [80]). Das Wunderbarste aber tritt in einer neuesten literarischen Erscheinung zu Tage, die den Nürnberger Jungfrauenadler aus einem alten Wort wipare, das heute „Weiberaar“ lauten würde und auch noch in „Weberin“ enthalten sei, erklärt und Nürnberg ebenso von diesen Weberinnen, den Schicksalsweberinnen oder Nornen, ableitet[81]). Im übrigen suchte die heutige Forschung, beeinflußt von der Tatsache, daß unser historisches Wissen über Nürnberg nicht über die Mitte des 11. Jahrhunderts zurückreicht, bei der Erklärung auch diesem Umstande wenigstens teilweise Rechnung zu tragen. Eine neuere Erklärung führt den Namen Nürnberg auf das in einer Urkunde König Adolfs von Nassau vom Jahre 1294 vorkommende Wort nurung, das dem Wald abgerungene Neuland oder die der Allgemeinheit dienende Fürreut oder Almende, zurück[82]). Nimmt man eine ältere Form nure oder nore an, so ließe sich Nürnberg als Rodungsberg, Reutberg, Neuberg erklären. Eine solche Deutung aber würde sich in vollster Uebereinstimmung befinden mit der Kolonisierung des Nürnberg umgebenden Landes, das durch Rodung des Waldes, der, wie sich weiter aus den Quellen auf das unzweifelhafteste nachweisen läßt, bis nahe an die Stadt herantrat und ursprünglich wohl auch diese wie den Burgberg selbst bedeckte, entstanden ist. Dieser Erklärung folgte wenige Jahre später eine weitere, die Nürnberg auf nürn, norn oder nörr, norr = Fels, Felsblock, zurückführte[83]), von welchen Formen die ersteren heute noch im Hessischen, die letzteren im Nassauischen in der angegebenen Bedeutung gebräuchlich sind. Diese Erklärung, welche Nürnberg gleich Felsberg setzt, war übrigens keineswegs neu, sondern in ihrem Kern aus dem Bayer. Wörterbuch von Schmeller-Frommann übernommen, wo auf Grund von Vilmars Idiotikon der „Nürnberg“ auf die Norn, Norn = Fels, Felsblock, zurückgeführt wird.

Dagegen wurde geltend gemacht[84]), daß dieser Erklärung, wenn auch das Ergebnis möglicherweise richtig sei, ein unentbehrliches Mittelglied fehle, nämlich der Nachweis, daß sich die älteste erweisbare Form des Namens Nürnberg sprachgeschichtlich mit jenem norn, nürn decke.

Aber auch die auf Nurung bezw. Nure zurückgeführte Erklärung wurde von derselben Seite zurückgewiesen[85]), da das Wort Nurung nur eine nachlässige Schreibweise für Niuwerung, d. h. Neuerung, und ein ehemaliges Wort Nure danach ausgeschlossen sei.

Dagegen wurde auf ein selten belegtes skandinavisches Wort nor = eng, schmal, klein, hingewiesen, das dem

Worte nors, Stint, zugrunde liege und vielleicht auch in Norwegen enthalten sei, das also eine durch Berge eingeengte Gegend bedeute. „Ze dem norin berge“ sei ein erstarrter Dativ und bedeute „zu dem schmalen Berge“.

Die dagegen vorgebrachte Deutung Nürnberg gleich „ze dem niuwerin berge“ und unter Ausstoßung des we „ze dem niurin berge“ — analog dem aus niuwerung entstandenen nurung — ließ sich deshalb nicht aufrecht erhalten, weil es nicht ersichtlich ist, wie aus niuwerung, niurung, niurin die Form nuorin einwandfrei hervorgegangen sein sollte.

Aber auch die neue Erklärung aus dem angeblich in nors und in Norwegen versteckten Adjektiv nor = schmal, klein, winzig, ließ sich nicht halten. Dieser Deutungsversuch mußte vielmehr scheitern angesichts der Tatsache, daß für einen Berg, wie den Burgberg, der zwei Burgen, darunter eine von bedeutendem Umfange, Raum gewährte und sich im übrigen in weiter Ausdehnung nach Osten hinzieht, um sich hier allmählich zu verflachen, die Bezeichnung schmaler oder kleiner Berg in keiner Weise paßt. Und so mußte denn auch diese Deutung, kaum geboren, wieder verschwinden.

Die neueste Erklärung[86]) greift in die germanische Zeit zurück. Der breite, weit sich ausdehnende südnördliche Waldgürtel, an dessen Westrande Nürnberg lag, bildete in altersgrauer Zeit eine Stammesscheide in der Masse der germanischen Völker. Die Lage des Ortes und noch anderes spricht dafür, daß die älteste Straße auf dem südlichen Ufer der Pegnitz sich gegen Happurg in das Naabtal hinzog. In dem Flußtale und auch in der Gegend von Nürnberg saßen schon in älterer Zeit Ansiedler, die den Sandboden bebauten und die grasreichen Flußniederungen beweideten. Die alten Sagen, die sich an den Burgberg knüpfen, wie z. B. jene, daß ein Kaiser mit seinem Heere darin schläft, weisen darauf hin, daß er der Verehrung Wodans geweiht war. Dem Gotte und seinem Gefolge ist ein besonderer Ort, eine geweihte Höhe, ein heiliger Berg zugewiesen. Alle derartigen Orte aber lagen im dichten Walde und waren umfriedet. Der erste Teil des Wortes Nuorinberg, nuor aus älterem nor entstanden, ist schon als „das Ergebnis einer sprachlichen Verwitterung“ anzusehen, indem es aus einem älteren nuorch, nourch, norch hervorgegangen ist. Es hat die Bedeutung starr, unbeweglich, fest, wie der gelehrte Verfasser, der das Wort in seinen verschiedenen

Wandlungen sprachvergleichend vorführt, überzeugend festgestellt. Der Nuorinberg ist nach ihm ein fester, ein gebannter, ein umfriedeter Berg, wie er es als die Verehrungsstätte einer Gottheit sein mußte. Wenn diese Erklärung auch weit in das Altertum zurückgreift, so ist sie doch von allen diejenige, gegen die sich keine besonderen Einwendungen erheben lassen und der man daher seine Zustimmung nicht versagen kann*).

*) Die schon etwas älteren Erklärungen, daß Nürnberg eine Zusammensetzung Neu-Renn-Berg bilde, weil es königliches Kammergut, eine villa regis und, weil später befestigt, ein castrum regni, regni burgus, französ. regne bourg, deutsch Rennburg, korrumpiert in Rennberg, oder als castrum imperii novum, novus regni burgus, eine neue Reichsveste (Newremberg, Novremberg) gewesen oder gar auf der Burg in der ältesten Zeit ein „Herr von Nieren, wie etwa in Karolsburg ein Karl, gehaust habe", seien nur deshalb hier noch angemerkt, weil sie am besten zeigen, auf welch lächerliche Abwege die Erklärungssucht geraten kann. Vgl. Kleine Chronik von Nürnberg. 2. Aufl. S. 12, 13.

II.

Nürnberg und seine Umgebung in den Urkunden.

Man wird bezüglich der Frage der Entstehung und des Alters des Ortes Nürnberg als Ausgangspunkt einer hervorragenden deutschen Kulturstätte wohl kaum zu einer irgendwie befriedigenden Lösung gelangen, wenn man, lediglich sich an den Namen anklammernd, aus ihm den römischen, keltischen, slavischen oder schließlich den deutschen Ursprung herleiten will, oder wenn man irgendwelche Merkmale einer römischen Ansiedlung zusammenträgt oder neu aufstellt und diese dann in Nürnberg sucht und schließlich auch glücklich gefunden zu haben glaubt und behauptet.

Schlagen wir doch einmal den naturgemäßen Weg ein. Stellen wir die ganz einfache Frage: Was weiß denn die Geschichte über das Alter und den Ursprung unserer Stadt und was weiß sie zunächst über den Beginn der Besiedelung ihrer Umgebung, des Reichswaldgebiets?

Der Ort, der hier zuerst genannt wird, ist das benachbarte Fürt oder Furti, wie es in den Urkunden heißt, am Zusammenfluß der Pegnitz und Rednitz. 1007 tritt es in die Geschichte ein. König Heinrich II. schenkt den ihm eigenen Ort im Nordgau, in der Grafschaft Berengars, den Kanonikern des neugegründeten Bistums Bamberg[87]). Der Ortshistoriker Fürts[88]) rückt allerdings, gestützt auf eine Urkunde König Ludwigs des Kindes vom 19. März 907[89]) und auf die Autorität Dümmlers[90]), das erste Vorkommen Fürts gerade um 100 Jahre weiter zurück. Fronmüller nimmt nämlich in seiner Chronik von Fürt an, das Kaisergut Fürt sei nach der Enthauptung des Babenbergers Adalbert durch dessen Besitzungen vergrößert und zur eigentlichen Hofmark ausgestaltet worden. Der König sei nun 907 mit großem Gefolge „von seinem Königshofe Forchheim nach seinem Maierhofe Fürt gekommen, wahrscheinlich um seine neu arrondierten Güter selbst in Augenschein zu nehmen, wohl auch, um den Bitten der bedrohten Lande um Hilfe gegen die andrängenden Hunnen auszuweichen, nachdem Markgraf Luitpold von Ostbayern bei Preßburg von denselben geschlagen worden war". Nachdem Fronmüller noch im einzelnen das Gefolge aufgeführt hat, das den König in Fürt umgab, bemerkt er weiter, der „Kaiser" scheine sich hier länger aufgehalten zu haben, „da er die Staatskanzlei mit hieher brachte*), welcher der Archikapellanus Diotmar, Erzbischof von Salzburg, und der Kanzler Ernustus vorstand, und da er auch Staatsgeschäfte hier vornahm. So unterzeichnete er am 19. März 907 hier eigenhändig eine Urkunde . . . und bestätigte in derselben einen Gütertausch zwischen dem Kloster Fulda und dem in Echternach im Luxemburgischen."

Daß der junge König damals von dem bei Fronmüller aufgeführten Gefolge umgeben war, daran ist nicht zu zweifeln, da all die genannten Personen in der Urkunde als Zeugen aufgeführt sind. Es ist nur die Frage, ob sich der König damals in Fürt bei Nürnberg aufhielt. Wir sind keineswegs so im einzelnen über die Reise und den Aufenthalt des Königs gerade in jener Zeit unterrichtet, wie es Fronmüller zu schildern weiß. Wir haben nicht die geringste Kunde, wo er sich ganze vier Monate aufhielt, bevor er in einen Ort „Furt" kam. Die Angabe, er sei von Forchheim gekommen, ist unerweislich, ebenso wissen die Quellen nichts von dem Maierhof Fürt, den der König damals durch die Besitzungen des enthaupteten Adalbert vergrößert und zu einer Hofmark erweitert hätte. Ebensowenig wird berichtet, daß er sich mit der Absicht getragen, seine arrondierten Güter, seinen Maierhof in Fürt, in näheren Augenschein zu nehmen, oder er habe hier den Bitten der bedrohten Lande um Hilfe gegen die andringenden Ungarn ausweichen wollen. Das sind alles ausschmückende Zutaten, die ja einem Dichter alle Ehre machen würden, die aber den historischen Tatbestand vollständig zu verwirren geeignet sind. Fronmüller beruft sich nun freilich zur Stützung seiner Behauptung von dem Aufenthalt des Königs in Fürt auf Dümmler. Dieser hervorragende und sonst zuverlässige Historiker bemerkt nun zwar in seiner Darstellung der Kämpfe gegen die Ungarn, der König habe

*) die er doch stets auf seinen Reisen mit sich führte.

sich noch am 19. März 907 zu Fürt in Franken aufgehalten, erschüttert aber diese Aufstellung gleich in der Anmerkung, worin er sagt, es sei fraglich, ob mit dem Ausstellungsort in loco Furt—Fürt bei Nürnberg gemeint sei.

Für diese Annahme des fränkischen Fürt besteht ein unübersteigliches sprachliches Hindernis. Der Ausstellungsort der Urkunde heißt nämlich Furt, Fürt bei Nürnberg aber in der älteren Sprache stets Furti, so gleich 1007 Furti*), um 1040 Phurti[91], und abgeschwächt Furthe wie i. J. 1062[92]). Nur aus dem folgenden i oder e ist der Umlaut in ü (Fürt) zu erklären, ohne den ursprünglichen Auslaut i oder e aber kann der Umlaut nicht eintreten. Ein altes Furt in den Urkunden wird nie zu Fürt, und so kann denn auch das Furt der Urkunde von 907 nicht gleichbedeutend sein mit dem Furti, das 100 Jahre später zum erstenmal vorkommt und in dem wir unser Fürt erkennen müssen.

Es war also nicht Fürt, sondern ein Furt, wo König Ludwig das Kind i. J. 907 eine Urkunde zugunsten der Abtei Fulda in Anwesenheit eines großen Gefolges ausstellte, vielleicht Furt im bayrischen Wald, eher aber wohl noch Furt in Oberbayern bei Altötting, und es mag darauf hingewiesen werden, daß Oetting Reichsgut war, das König Ludwig kurz darauf — 17. Mai 907 — dem Bischof Burchard von Passau schenkte[93]).

Erst 14 Jahre nach der Ausstellung der Schenkungsurkunde über Fürt an Bamberg verdanken wir wieder einer Urkunde und zwar einer solchen Kaiser Heinrichs II.[94]) eine nähere Nachricht über das nächste Gebiet nördlich von Nürnberg. Am 13. November 1021 schenkt der Kaiser das Gut Uraha — Herzogenaurauch — im Rangau an das Bistum Bamberg, das er am selben Tage auch mit dem Königsgut Cenna — Langenzenn — begabte. Auch die zum Gute Herzogenaurach gehörigen Pertinenzien, den Forst zwischen der Schwabach und der Pegnitz — den späteren Sebalder Reichswald — und die Dörfer Gründlach (Crintilaha), Walkersbrunn (Waltgeresbrunnun), Eltersdorf (Altrihesdorf), Herpersdorf (Heribrehtesdorf) überweist er dem Bistum Bamberg. Von ganz ausnehmender Wichtigkeit ist es, was eine weitere Urkunde vom gleichen Datum[95]) noch

*) Es ist der Plural, bedeutet mehrere Furten. S. die beachtenswerte Abhandlung von Gymnasialrektor Dr. Vogel: Geschichtliche Entwicklung (von Fürth) in: Die Stadt Fürth in Bayern S. 4.

über diese Pertinenzien des Hofes Aurach zu berichten weiß. Sie sind Bavaricis legibus subdita, bayrischem Recht unterworfen. Was ist daraus zu folgern? Daß es nur Bayern sein konnten, die hier auf königlichem Besitztum angesiedelt waren. Wem aber stand hier wie sonst die Verfügung über Königsgut zu? Einzig und allein dem König. Und welchem Hause gehörte aller Wahrscheinlichkeit nach der König an, der bayrische Kolonisten auf seinem oder des Reiches Grund und Boden ansiedelte? Doch wohl nur dem bayrischen Hause, und da kann nur einer in Betracht kommen — König Heinrich II. Also deutsche, im besondern bayrische Kolonien waren es, die in der Waldgegend nördlich von Nürnberg begründet worden waren. Das geht aus der Urkunde mit zwingender Notwendigkeit hervor.

Der Umstand aber, daß diese Ansiedler noch nach dem Rechte ihrer ursprünglichen Heimat lebten, führt zu der Vermutung, daß sie in geschlossener Masse und noch unvermischt die jungfräuliche Scholle bearbeiteten und noch nicht allzu lange, wahrscheinlich erst in der ersten Generation, hier ihre Wohnsitze hatten. Bei längerem Aufenthalt hätte das Zuströmen fränkischer und wohl auch slavischer Leute einschneidende Umgestaltungen hervorgerufen, die ursprüngliche bayrische Bevölkerung wäre von der fränkischen durchsetzt worden und das bayrische Recht hätte dem einheimischen fränkischen weichen müssen. So ist es später auch geworden und die bayrischen Kolonisten entschwinden völlig unseren Blicken.

Für den deutschen Ursprung der genannten Ortschaften sprechen auch die Namen urdeutschen Gepräges, die in den Zusammensetzungen von Personennamen mit Dorf oder Brunnen den deutschen Führer nennen, unter dem die Ansiedlung entstand — Heribrecht, Waldger, Altarich —, besonders aber der Umstand, daß der älteste Ort des Knoblauchlandes, die Mutterkirche der ältesten Nürnberger Pfarrei St. Sebald — Poppenreut —, sich als deutsche Siedelung, als die Reut oder Rodung des Poppo in ihrem Namen kundgibt.

Diese Ansiedlungen im Reichswald aber können auch aus anderen Gründen kaum vor Heinrich II. und vor der Gründung des Bistums Bamberg i. J. 1007 entstanden sein. Wären sie vor diesem Zeitpunkt entstanden, als noch keine feste deutsche Herrscherfaust hier zugunsten des Deutschtums eingriff, so hätten sich hier wohl auch, wie in den angrenzenden Gebietsteilen, slavische Elemente niedergelassen, die nicht Bavaricis, sondern Slavicis legibus subdita gewesen wären, die nicht nach bayrischem, sondern nach slavischem Volksrecht gelebt hätten.

Es steht nicht fest, ob die Slaven schon zu jener Zeit, als sie zuerst Böhmen überfluteten und sich bis zur Saale ausbreiteten, auch schon bis in die Main- und Werragegenden vorgedrungen sind, oder ob sie erst später auf Einladung der deutschen Herrschaft „zur freiwilligen Arbeit und Entwilderung des Landes" oder infolge einer gewaltsamen Verpflanzung diese neuen Sitze eingenommen haben. Unter Karl dem Großen, der damals auch die Sachsen „in diese fränkischen Gaue" verpflanzte, mehrte sich auch die Menge der Slaven zwischen Main und Rednitz, der Main- und Rednitzwinden in dem Winkel zwischen den beiden Flüssen. Sie breiteten sich aus südlich bis nach Erlangen und nahmen mehr westlich und nördlich den Aurach-, Zenn- und Aischgrund ein, über den sie noch hinausgingen[96]).

Karl der Große errichtete bekanntlich hier im Slavenlande 14 Kirchen, von denen noch unter Ludwig dem Deutschen die Rede ist[97]). Dann stockte aber mit der Christianisierung auch die Kolonisation, und erst, als i. J. 1007 das Bistum Bamberg gegründet worden war, konnte die Kulturarbeit mit um so intensiverer Kraft und in um so ausgedehnterem Umfange wieder einsetzen. Wenn es zunächst in der Absicht des Königs lag, das Christentum hier im Slavenlande zu verbreiten, so lag es ihm gewiß nicht weniger am Herzen, das Land deutschem Wesen und deutscher Kultur zu erschließen. Mit der Gründung des Bistums Bamberg begann hier eine rege deutsche Pionierarbeit in den von Slaven besetzten Gegenden des Frankenlandes, und das Ergebnis dieser Arbeit war der Sieg des Deutschtums und das völlige Aufgehen des slavischen Elements in dem überlegenen deutschen.

Aber es gab auch noch Gegenden, die von der Kultur völlig unberührt geblieben waren, die noch undurchdringlicher, jungfräulicher Wald bedeckte, vor dem die Slaven bei ihrem Vordringen Halt gemacht hatten. So eine große, ausgedehnte Waldesinsel, weit umfangreicher, als sie sich heute noch darstellt, bildete der spätere Nürnberger Reichswald, den sie nicht besiedelt, sondern auf der Westseite umgangen haben. Die eben angeführte Urkunde v. J. 1021, die uns einige Einblicke in die Art der Besiedlung gewährt, läßt zugleich ersehen, daß noch ganz unentwickelte, unfertige Zustände vorlagen. Zum Glück hat sich eine weitere, wenige Jahrzehnte spätere Urkunde erhalten, die das Bild, das sich aus der älteren Urkunde ergibt, nach verschiedenen Seiten hin zu ergänzen vermag. Bischof Eberhard von Bamberg (1007—1040)[98]) schenkt in undatierter Urkunde den Hof Aurach an die Kanoniker des Bistums mit der Bestimmung, daß sie nach dem Tode der Irmengard Zenn an das Bistum zurückgeben, Fürt dagegen als ihr Eigentum behalten sollen. Wie Aurach sollen auch dessen Pertinenzien auf der anderen Seite der Rednitz im freien Besitz der Bamberger Kanoniker sein. An dieser Stelle wird in der Urkunde schon zum zweiten Male ausgesprochen, daß die Pertinenzien auf der anderen Seite der Rednitz — jetzt Regnitz — in terra et terminis Franchorum, im Land und Gebiet der Franken, gelegen seien. Diese besondere und starke Hervorhebung der Zugehörigkeit der im Gebiet rechts oder östlich der Regnitz auf den Pertinenzien des Hofes Aurach wohnenden Ansiedler zum Land und Gebiete der Franken muß im höchsten Maße überraschen. Es wird hier ein Gegensatz festgesetzt zwischen den Bewohnern auf der linken Seite des Flusses, die zum Haupthof Herzogenaurach gehören, und denen, die auf den Pertinenzien der rechten Seite, im Gebiete des späteren Sebalder Reichswaldes, leben. Diese werden ausdrücklich und im Gegensatz zu den auf dem linken Ufer als Bewohner des fränkischen Landes und Gebietes in Anspruch genommen. Und wie verhielt es sich dann mit denen auf der anderen Seite, mit den Bewohnern des Haupthofes selbst? Die Urkunde sagt es nicht. Aber wenn man eine Erklärung geben will, die auch einen Sinn haben soll, so kann man es nur so, daß man im Gegensatz zu den Franken, zu der terra und den terminis Franchorum auf der rechten Seite — die terra et termini Slavorum, slavisches Land und slavische Bevölkerung, auf der schon früher besiedelten linken Seite des Flusses annimmt. Zum Frankenland gehörten gewiß Zenn und Aurach eher als die Orte auf der anderen Seite der Regnitz und das spätere Nürnberg, das man sonst zu Bayern rechnete, dessen äußersten westlichen Punkt es bildete. Und je weiter man westwärts ging, um so tiefer kam man ins fränkische Gebiet. Mit welchem Rechte konnte man denn da von den östlicher, an der Grenzscheide gelegenen Orten behaupten, sie seien fränkisch, während man diese Eigenschaft den westlicher gelegenen, die, sollte man meinen, viel eher einen Anspruch darauf haben müßten, versagte.

Ging man über den Fluß weiter nach Westen, so kam man in die Flußtäler der Zenn und Aurach, näherte sich dem Aischgrunde und gelangte immer tiefer in das von Slaven besetzte Gebiet. Hier konnte man in der Tat von einer terra Slavorum reden, im Gegensatz zu der man das rechts der Regnitz gelegene neubesiedelte Gebiet noch als eine terra Francorum, als das Land der Franken, zu bezeichnen berechtigt war. Zwar haben wir gesehen, daß dieses Gebiet von Ansiedlern, die nach bayrischem Rechte lebten, besetzt war. Aber unterdessen waren Jahrzehnte dahingegangen, und es ist anzunehmen, daß inzwischen ein starker fränkischer Zuzug stattgefunden, die Zusammensetzung der Bevölkerung sich sehr zu Ungunsten der bayrischen Einwanderer verschoben hatte und von der ausschließlichen Geltung des bayrischen Rechtes nicht mehr die Rede sein konnte.

Noch in weitere höchst bemerkenswerte Verhältnisse gewährt die Urkunde Bischof Eberhards über Herzogenaurach interessante Einblicke. Da der Hof an Wäldern keinen Überfluß hatte, so gestattete der Bischof, daß er sich zum herrschaftlichen Gebrauch, zum Brückenbau, zur Wiederherstellung der Gebäude, zur Ausbesserung der Mühlen und zu jedem Werk auf dem Herrengut Hölzer und sonstiges Material von der anderen Seite der Regnitz aus dem bischöflichen Forst erhole und zur Errichtung von Beuten zur Bienenzucht, was man zu deutsch Cidelweida nenne, und zur Eichelmast der herrschaftlichen Schweine freie Gewalt haben und zu jeglicher Nutzung befugt sein solle, mit Ausnahme der Jagd und der Fischerei in den Teichen und im Flusse auf beiden Seiten. Die Bewohner des Herrenguts aber sollen gegen Reichung eines Scheffels Haber oder eines halben Scheffels Weizen an den Bischof wie die herrschaftlichen Hörigen zum Fällen des Holzes befugt sein. Die Urkunde bildet den ältesten Beleg für den Betrieb der Waldzeidlerei bei Nürnberg, der späterhin, wie bekannt, einen so bedeutenden Umfang gewann und der für die Besiedlung des Nürnberger Reichswaldgebiets von ausschlaggebender Bedeutung wurde.

Und nun Nürnberg! Sollte man nicht glauben dürfen, daß es mit den schon angeführten Ortschaften des Knoblauchlandes das gleiche Schicksal geteilt habe, daß es um dieselbe Zeit entstanden, daß es, wie Langenzenn und Herzogenaurach und das allerdings viel ältere Forchheim mit seinen meilenweit verstreuten und ausgedehnten Pertinenzien, ursprünglich ein Königshof gewesen sei und sich aus diesem zu einer der ersten Königsburgen und einer der bedeutendsten und vornehmsten Reichsstädte entwickelt habe? Nürnberg wird allerdings noch nicht so früh genannt. Aber sollte es etwa deshalb damals noch nicht bestanden haben? Sollte gerade der Ort, der sich so ganz unvermittelt aus der ihn umgebenden Ebene erhebt, der Felsberg, der einen Ausblick weit in die Lande gewährte, viel später besiedelt worden sein als die unter ihm gelegene Ebene des Knoblauchlandes oder auch das 1025 und 1030 genannte Mögeldorf? Wenn Nürnberg erst seit 1050 in Urkunden erscheint, so liegt das wohl daran, daß der Ort für den König zu wichtig erschien, um ihn auch an das Bistum Bamberg oder an eine andere geistliche Stiftung zu verschenken, und daß er hier, wie er es im nahen Mögeldorf getan, zufälligerweise keine Urkunde ausgestellt hat. Denn schon vor 1050 mußte Nürnberg ein Platz von einiger Bedeutung sein, da König Heinrich III. in diesem Jahre hier in suo fundo — auf seinem Eigenbesitz — die Fürsten von ganz Bayern versammelte, um wegen der gegen die in die Ostmark eingefallenen Ungarn zu ergreifenden Maßregeln zu beschließen[99]). So ganz plötzlich und unvermittelt hatte es sich doch wohl kaum zu einem solchen Umfang und einer solchen Bedeutung entwickeln können, die es in den Stand setzte, den Bedürfnissen und Ansprüchen einer großen Versammlung bayrischer Magnaten unter dem Vorsitz des Königs gerecht zu werden. Zwar wird in den gleichzeitigen Urkunden und Annalen nicht bemerkt, daß Nürnberg damals schon eine feste Burg gewesen sei, aber es muß dies doch angenommen werden. Es spricht dafür die hier abgehaltene Fürstenversammlung und weiter der Umstand, daß der Kaiser gleich wieder im folgenden Jahre in Nürnberg seinen Aufenthalt nahm[100]). Andererseits aber konnte die Erbauung der Burg nicht gar lange vorher erfolgt sein. Es ist nämlich bemerkenswert, daß der König, als er 25 und 20 Jahre früher in die Gegend kam, beide Male nicht Nürnberg, sondern das nur eine Wegesstunde entfernte Mögeldorf als Aufenthalt wählte[101]). Der König hätte wohl kaum zweimal den kurzen Umweg zu seiner Burg, wenn es überhaupt ein solcher war, gescheut, wenn sie schon bestanden hätte. Danach dürfte der Schluß berechtigt sein, daß der Ausbau des Ortes zu einer Burg in die Zeit von 1030—1050 fällt, in welch letzterem Jahre Nürnberg zum erstenmal genannt wird.

Aber was war Nürnberg vorher? Es war der Mittelpunkt des sich hier noch weit ausdehnenden königlichen Dominialguts, des hier noch in größerem Zusammenhang und in fester Geschlossenheit bestehenden königlichen Forstes. Es war, wie die Annales Altahenses bemerken, königlicher fundus, eine curtis dominicalis, ein Königshof, von dem aus der königliche Verwalter, der Major oder Villicus, das umliegende königliche Gut und den Königsforst verwaltete.

Wie ich zum Teil schon anderswo ausgeführt habe[102]), spricht für diese Annahme einmal der Schnitterzins, der bis zum Jahre 1386 von allen Hofstätten der Lorenzer Stadtseite an die Burggrafenburg, ursprünglich die Königsburg, gereicht werden mußte, weiter die besonderen Dienste, welche die Zeidler, die Bienenzüchter im Reichswald, an die Reichsburg als an ihren „Hof", wie sie hier ausdrücklich genannt wird — die Dienste bestanden in Kriegsfahrten innerhalb der vier Wälder mit sechs Armbrüsten, wozu der Hof die Wagen zu stellen hatte —, leisten mußten, sowie auch der Inhalt des Nürnberger Salbüchleins aus dem Anfang des 14. Jahrhunderts[103]), soweit es sich auf die Umgegend der Stadt bezieht. Aber viel früher schon — 1064 oder 1065 — wird sowohl die curia als auch das castrum Nuremberc zu den königlichen Höfen in Bayern gezählt, welche ad mensam regiam, zur königlichen Tafel, zu steuern hatten[104]). Es kann in keiner Weise auffallend erscheinen, daß hier neben dem castrum auch noch die curia genannt wird. Die curia war das Aelteste, das Ursprüngliche und die zu ihr gehörigen Hofgebäude nahmen einen Teil des Burgbergs ein, was um so mehr anzunehmen ist, als die Kaiserburg, wie wir gesehen haben, noch bis ins 14. Jahrhundert hinein als Hof galt. Für die später entstehende Burg wurde von dem Königsgut auf dem Burgberg ein Stück an entsprechender Stelle ausgeschieden, wo die erste Burg gebaut wurde, wohl zu keinem anderen Zwecke, als den hinter ihr liegenden Königshof gegen Angriffe von außen zu schirmen.

III.

Die Burg Nürnberg.

Wenn wir den Nürnberger Burgkomplex näher ins Auge fassen, so zeigt sich gleich auf den ersten Blick, daß er sich aus zwei Bestandteilen, zwei einzelnen Burgen, zusammensetzt, dem größeren westlichen Teil, der Reichs- oder Kaiserburg, und der ungleich kleineren östlich vorgelagerten Burggrafenburg mit dem fünfeckigen Turm. Aber es war einmal eine Zeit, wo nur eine einzige Burg bestand, eine Königsburg, die auf dem ursprünglichen Königshof, dem fundus regius, erbaut worden war.

Wo haben wir diese ursprüngliche, aus kleinen Anfängen hervorgegangene königliche Burg zu suchen? Stand sie da, wo sich jetzt die größere Kaiserburg erhebt, oder ist sie dort anzunehmen, wo der fünfeckige Turm mit der Walburgiskapelle und der Amtmannswohnung die Stelle der ehemaligen burggräflichen Burg bezeichnet?

Die älteren Historiker legen, bestimmt durch die Sage vom Heidenturm mit der Diana oder dem Herkules und seinem Sohne Norix, dem Burgkomplex der Kaiserburg das höhere Alter bei. Auf diese Meinungen näher einzugehen, ist um so weniger geboten, als sie sich auf haltlose Sagen stützen und wie diese selbst die Entstehung der Burg in eine ganz märchenhafte Zeit zurückverlegen, wo an Nürnberg auch noch nicht im entferntesten gedacht werden kann.

Bei den neueren Historikern, die in Betracht kommen, ist gleichfalls die Meinung vertreten, die Kaiserburg sei der ältere Teil oder beide Burgen ursprünglich zu gleicher Zeit erbaut worden.

Nach Riedels[105]) Darlegungen hatten die Burggrafen bis zum Jahre 1138 ihren Sitz auf der Reichsburg, welche sie König Konrad III. bei seinem Regierungsantritt aufgeben mußten, um auf das kleinere, der Kaiserburg vorgelagerte Plateau beschränkt zu werden.

Essenwein[106]) nimmt an, daß die Burg in ihrer ganzen Ausdehnung — Reichsburg wie Burggrafenburg — vom Tiergärtnertor an im Westen bis zur Söldnersgasse im Osten, bis etwa zu der Stelle, wo später der Luginsland von der Stadt errichtet wurde, schon um 1050 erbaut worden sei und daß nach der Einnahme i. J. 1105 ein völliger Umbau stattgefunden habe. Der spätere Bau der Kaiserburg ist nach ihm in das 12. Jahrhundert zu setzen; an deren Palas wurde in der Zeit von 1170—1190 die Doppelkapelle in den äußeren Hof hinein angebaut, weil der innere Hof keinen Platz mehr bot. Nur der fünfeckige Turm mit Ausnahme des späteren Backsteinaufsatzes gehört noch der ältesten Bauperiode von 1050 an. Die Burggrafen waren es, die sich die Doppelkapelle als Mausoleum auf der Reichsburg errichteten, denn ihnen stand diese Burg zu, und von ihnen wurde sie bewohnt. Erst nach dem Interregnum und zwar gleich mit dem Regierungsantritt König Rudolfs von Habsburg i. J. 1273 mußten sie die Burg dem Reichsoberhaupt räumen und sich auf die Vorburg zurückziehen.

Nach Vockes[107]) Darlegungen endlich gehörte den Burggrafen die nach ihnen benannte Burg, während ihnen die Reichsburg zur Verwahrung und zum Gebrauch zustand. Die Entstehung der Burg nimmt er um und nach 925 an, „in welcher Zeit man waldige Flußtäler durch Burgen zu sperren begann“. Nürnberg ist nach ihm schon 1050 eine Stadt von großer Bedeutung. Nach einer angeblichen Urkunde von 1207 soll die kaiserliche Pfalz nicht nur gegen außen, sondern auch gegen die Stadtseite fester gemacht worden sein, wozu die Felsenplatte östlich vom Torweg beim fünfeckigen Turm, der damals erst entstand, verwendet wurde. Diese Burg erbaute der Burggraf.

Soweit auch die Ansichten dieser drei Forscher auseinandergehen, in einem Punkte kommen sie zusammen: die Burggrafen hatten ursprünglich die größere Burg inne, die sie dann aufzugeben gezwungen wurden, und zwar war es der Kaiser, der sie hinausdrängte und ihnen die kleinere Vorburg anwies. Bezüglich der Zeit, zu der diese Versetzung und Degradation erfolgte, sind die drei allerdings durchaus verschiedener Meinung.

Riedels Annahme, wonach die Burggrafen schon 1138 die Reichsburg verlassen mußten, um dann die Vorburg auf dem kleineren östlichen Plateau einzunehmen, stützt sich keineswegs auf urkundliche Nachrichten oder auf gleichzeitige oder spätere Chronikenangaben, sondern einzig und allein auf die Autorität Meisterlins[108]). Nun ist das, was Meisterlin vorbringt, stets mit sehr mißtrauischen Augen zu betrachten, wenn nicht noch andere Quellen dasselbe berichten; und dieses Mißtrauen schwindet auch dann nicht, wenn er sich, wie in diesem Falle, auf nicht mehr vorhandene Aufzeichnungen, „auf die Bücher des Eusebius auf dem Nordgee und voraus zu Amberg und zu Ensdorf" beruft.

Was aber Riedel noch zur weiteren Bekräftigung der Meisterlinschen Angaben anführt, daß König Konrad III. laut Urkunde „vom 28. Mai 1138" „persönlich" in Nürnberg gewesen sei — weiteres zur Sache bringt weder Riedel noch auch die Urkunde — ist ganz und gar belanglos[109]).

Aber nehmen wir Meisterlins Behauptung als historische Tatsache hin, was folgt denn daraus? Er berichtet nämlich, der König hätte bald nach Uebernahme des Reichs beschlossen, die Burg zu Nürnberg wieder zu gewinnen und die Stadt wieder herzustellen. Deshalb hätte er den Präfekten zu Hofe geladen und dieser, die Macht des Königs fürchtend, hätte ihm die Burg mit der halbzerstörten Stadt überantwortet. Wie man aus dieser Erzählung herauslesen kann, daß der König dem Burggrafen die Burg für immer genommen, ihn vollständig depossediert hätte, ist unerfindlich. Er hatte die Burg innegehabt für König Lothar als dessen Burggraf, er hielt sie dann für Heinrich den Stolzen, dem Lothar sie ja 1127 verliehen hatte[110]), nun mußte er sie dem neuen König ausantworten. Er wich, wenn wir Meisterlins Nachricht als historisch annehmen, der Gewalt, wohl um zu retten, was er vordem besessen hatte. So erhielt er denn die abgetretene Burg von König Konrad wieder zu Lehen, wurde wieder Burggraf unter dem neuen König. Dieses anzunehmen zwingt uns der Umstand, daß Gotfried schon in Urkunden des Königs vom 31. März 1138 und vom 28. Mai und vom Dezember desselben Jahres als praefectus und castellanus de Nurenberg erscheint[111]) und diesen Titel ebenso wie seine Nachfolger auch in Zukunft führt.

Noch eine weitere, bis dahin nie erhörte Meinung hat Riedel[112]) in die Geschichte der Nürnberger Burggrafschaft eingeführt, die sich seitdem auf das hartnäckigste behauptet[113]). Nach ihm hat der Bischof von Würzburg seine herzoglichen Ansprüche und seine herzogliche Gewalt in Ostfranken auch auf die Nürnberger Burggrafschaft ausgedehnt. So hat er, wie Riedel und andere nach ihm behaupten, während des 12. Jahrhunderts den Burggrafen von Nürnberg öfters als seinen Burggrafen oder Vizegrafen bezeichnet. Die eigenen Ansprüche des Hohenstaufischen Hauses über ganz Franken, über ein Jahrhundert von dem Ansehen des Reichsoberhaupts unterstützt, zu welchem König Konrad im Jahre 1137 sein Haus erhoben, hätten allerdings der Geltendmachung der dem Bistum Würzburg in Ostfranken zugeeigneten Fürstentumsrechte fortdauernd enge Schranken gesetzt.

Wiederholt, und noch neuerdings mit besonderem Nachdruck, ist der Nachweis geführt worden[114]), daß die Ansprüche der Würzburger Bischöfe auf die herzogliche Gewalt über Ostfranken auf Fälschungen beruhen, und Knapp hat mit höchster Wahrscheinlichkeit dargetan, daß sie erst im Jahre 1160 ausgeführt worden sind. Durch die „goldene Freiheit" Kaiser Friedrichs I. vom 10. Juli 1168 wurde die längst vorher und jetzt auf Grund jener Fälschungen um so energischer behauptete herzogliche Gewalt des Würzburger Bischofs von Reichswegen anerkannt, aber doch nicht etwa als über ganz Ostfranken, sondern nur über den Bereich des Bistums sich erstreckend. Nur der ducatus Wirzeburgensis wurde anerkannt. Und in diesem nicht einmal besaß der Bischof durchweg die Oberherrlichkeit. Auch damals hatte er noch keineswegs alle Gaugrafschaften seiner herzoglichen Gewalt unterworfen, was ihm überhaupt nicht gelang[115]).

In Nürnberg aber hatte er gar nichts zu sagen, auch nicht als angeblicher Herzog von Franken. Nürnberg war Königsgut und die burggräfliche Burg war Königslehen und blieb es.

Man wird dagegen auf die Urkunden hinweisen, in denen der Bischof von Würzburg den Burggrafen von Nürnberg öfters seinen Burggrafen oder seinen Vizegrafen nennt.

Fassen wir sie etwas näher ins Auge. Zunächst kann von „öfters" in keiner Weise die Rede sein. Riedel und seine Nachtreter führen nämlich im ganzen nur 2 Urkunden an, die eine vom Jahre 1150[116]), die andere vom Jahre 1170[117]).

In der ersten soll der Bischof von Würzburg den Nürnberger Burggrafen seinen Burggrafen nennen. Riedel bezieht sich dafür auf Langs Regesten I, 195. Aber an dieser Stelle ist weder der Bischof von Würzburg, noch der Burggraf von Nürnberg genannt. Ohne Zweifel hat er die 2 Seiten weiter angeführte Würzburger Urkunde im Auge, die übrigens nicht vom Bischof von Würzburg, sondern von der edlen Matrone Frenkin unter Zustimmung des Bischofs ausgestellt ist. Mit der Beweiskraft dieser Urkunde ist es aber von vornherein schwach bestellt. Dem Regest ist nämlich bei Lang die Bemerkung beigefügt: manifeste falsum. Das hat allerdings Riedel bei seiner Beweisführung in keiner Weise beirren können, da er der Urkunde nicht entraten mochte.

Aber nehmen wir die Urkunde als echt an, was würde sie selbst dann beweisen? Nach ihr widmet jene edle Frau, aus ihrem Vaterlande verbannt und mit einem unfreien (ignobilis) Slaven verheiratet, unter Zustimmung des Bischofs Embricho ihre Söhne der Würzburger Kirche und überträgt den besten Mansus ihres Gutes (praedioli) in Riedfeld advocato suo, burcgravio Gotfrido. Riedel hat das Reflexiv ganz falsch bezogen. Nicht der Bischof, sondern die Witwe überträgt ihrem Vogte (advocato suo, nicht burgravio suo) den erwähnten Mansus. Von dem Burggrafen des Bischofs ist in der Urkunde demnach gar nicht die Rede, wenn auch nicht daran zu zweifeln, daß ein bischöflicher Burggraf gemeint ist, da er in der Zeugenreihe unter den Ministerialen gleich als erster steht. Als solcher aber konnte er nicht der Burggraf von Nürnberg sein, was die Urkunde auch gar nicht behauptet, sondern nur irgendein würzburgischer Burggraf*).

Durch die zweite Urkunde vom Jahre 1170 belehnt Bischof Herold von Würzburg Conradum, vicecomitem de Nurenberg, mit dem Dorfe Nicozzeshusen und dem Zehnten in Helzenberg. Aber auch aus dieser Urkunde ist für die Lehensherrlichkeit des Bischofs über das Burggrafentum Nürnberg nichts zu erweisen. Denn einmal nennt der Bischof den Burggrafen gar nicht *seinen* Vizegrafen, sondern einfach den Vizegrafen. Dann wäre es aber doch ungeheuerlich, aus dieser Urkunde schließen zu wollen, der Burggraf von Nürnberg, der ja in Bezug auf Nicozzeshusen und den Zehnten in Helzenberg bischöflicher Lehensmann

---

*) Aber wohl kaum der von Würzburg selbst, als welcher um diese Zeit (1144—1157) ein Boppo von Henneberg erscheint. S. *Knapp* a. a. O. S. 205.

war, sei es nun auch hinsichtlich der Burggrafschaft Nürnberg gewesen.

Bevor wir uns ein bestimmtes Urteil bezüglich des Vicecomes de Nuremberc bilden, besehen wir uns noch etwas genauer, wie die Forscher nach Riedel die Frage beantwortet haben!

Von Gengler[118]) können wir absehen, weil er Riedels Meinung einfach übernimmt. E. Mayer hat wohl gefühlt, daß die Urkunde von 1150 nicht hieher bezogen werden könne[119]), ist sich aber doch nicht völlig darüber klar geworden, daß die Urkunde ganz beweisunkräftig ist. Und wenn auch er die Würzburger Lehensherrlichkeit über den Burggrafen von Nürnberg daraus ableiten will, daß ihn der Bischof 1170 als vicecomes bezeichnet, so muß man ihm doch ebenso wie seinen Vorläufern die Frage entgegenhalten: Was ist denn der vicecomes? Und wenn er nichts anderes sein kann als der Stellvertreter des Burggrafen, so kann man doch daraus zugunsten der Lehensherrlichkeit des Bischofs von Würzburg in dem bestimmten Falle von 1170 — und er bleibt der einzige, den Mayer ins Treffen führen kann — auch gar nichts schließen. Rietschel[120]) stellt sich, ohne weiter zu untersuchen, auf Mayers Standpunkt.

Sollte man etwa annehmen wollen, der Bischof von Würzburg, den man einerseits als den Herzog von Franken und damit auch als den Lehensherrn der Burggrafen von Nürnberg anspricht, sei andererseits der eigentliche comes, der burggravius de Nurenberg, der Burggraf aber nur sein vicecomes gewesen? Das wäre allerdings eine Annahme, die nur dartun würde, daß man den burggravius und den dux in ganz unbegreiflicher Weise konfundiert hätte.

Der vicecomes de Nurenberg kann aber nichts anderes sein als der Stellvertreter des Burggrafen von Nürnberg.

Da Burggraf Konrad i. J. 1178 wieder in der ganz gleichen Beziehung zu Nicozzeshusen und Helzenberg auftritt[121]), so könnte man annehmen wollen, der Vizegraf Konrad wäre unterdes zum Burggrafen aufgerückt, etwa aus einer provisorischen Stellung zu der durch die königliche Investitur definitiv gewordenen.

Aber das müßte noch 1170 oder doch spätestens 1171 erfolgt sein[122]) und würde eine unmittelbar vorhergehende Vakanz der Burggrafschaft voraussetzen. Aber davon ist auch ganz und gar nichts bekannt, und aus den Urkunden kann eine Neubesetzung des Burggrafenamts um diese Zeit nicht geschlossen werden. Burggraf Konrad trat vielmehr das Amt i. J. 1163 an und verwaltete es bis etwa zum Jahre 1190, wo er urkundlich zum letztenmal als Burggraf von Nürnberg erscheint und zwar als letzter aus dem Hause Raabs.

Es bleibt demnach nichts anderes übrig, als einen Stellvertreter des Burggrafen anzunehmen. Daß er ebenfalls Konrad hieß, kann an sich nicht auffallend erscheinen, da der Name Konrad im Geschlechte der Grafen von Raabs nicht ungewöhnlich war. Man kann aber auch daran denken, daß der vicecomes, der nach Würzburg ging, nicht gerade diesem Geschlechte angehört habe. Auf jeden Fall aber haben wir in ihm einen Stellvertreter des Nürnberger Burggrafen zu erkennen.

Wendrinsky[123]) sieht allerdings in dem vicecomes von 1170 wieder den dem Bischof von Würzburg als Herzog von Franken untergebenen Burggrafen von Nürnberg und meint dann, daß er, weil er sich unter den Zeugen Graf von Raabs (Ragoz) nenne, sich als Reichsministerial betrachtet und „um sich nichts zu vergeben" sich als solcher unterschrieben habe. Demnach wäre der vicecomes in dem Text der Urkunde und der comes de Ragoz in der Zeugenreihe eine und dieselbe Persönlichkeit. Nun ist es doch wohl rechtlich undenkbar, daß der bei dem Abschluß des Rechtsgeschäfts Hauptbeteiligte zugleich auch als Zeuge fungiert hätte. Wir haben deshalb zwei Personen anzunehmen, den Conradus vicecomes und den Conradus comes de Ragoz. Aber die beiden standen aller Wahrscheinlichkeit nach in einem nahen verwandtschaftlichen Verhältnisse: beide waren vielleicht Grafen von Ragoz. Der erste, der Stellvertreter des Burggrafen, der für ihn die Lehen Nicozzeshusen und Helzenberc übernahm. Und der zweite, der an erster Stelle unter den Baronen als Cunradus de Ragoz erscheint? Sollte sich unter ihm etwa der Burggraf von Nürnberg selbst verbergen, der in diesem Falle nicht direkt als der Belehnte des Bischofs zu Würzburg auftreten wollte und etwa einen Verwandten vorschob, der aber andererseits aus irgendeinem Grunde davon absehen mochte, sich in dieser rein würzburgischen Lehensangelegenheit unter den Zeugen als Burggrafen von Nürnberg zu nennen?

Es wäre dies nicht der einzige Fall, daß der Burggraf von Nürnberg in einer Würzburg berührenden Urkunde ohne den Burggrafentitel erschiene. Auch in der 1151 von Kaiser Konrad für das Kloster Ebrach ausgestellten Urkunde[124]), durch welche durch Vermittlung des Bischofs Gebhard von Würzburg der Steigerwald an das Kloster überging, steht unter den Freien nach Cunradus de Ragoz der Burggraf Gottfried von Nürnberg als Zeuge, aber ohne den Burggrafentitel, einfach als Gotefridus de Nurenberg.

Immerhin muß es aber als höchst zweifelhaft erscheinen, daß der in der eben erwähnten Urkunde von 1170 begegnende Graf Konrad von Ragoz der Burggraf selbst war. Vielmehr dürfte diese Frage wohl noch am ehesten ihre Lösung finden, wenn wir annehmen, daß der in der Urkunde vom Bischof Herold belehnte Conradus, vicecomes de Nuremberg, der Abgesandte, der Stellvertreter des Nürnberger Burggrafen, der in der Zeugenreihe aber als erster unter den Baronen aufgeführte Cunradus, comes de Ragoz, dessen Sohn war. Diese Annahme wird aber ganz wesentlich durch den Umstand gestützt, daß um 1160[125]) ein Cunradus, filius Cunradi de Rahgiz, genannt wird.

Daß der vicecomes de Nurenberg als der Vertreter des Nürnberger Burggrafen aufzufassen ist, darf auch aus der Analogie des Würzburger Burggrafenamts gefolgert werden, das um dieselbe Zeit, aber auch vor- und nachher, den vicecomes als den Stellvertreter des Burggrafen kennt[126]). Wenn so Amt und Titel der würzburgischen Kanzlei durchaus geläufig war, so mochte sie auch keinen Anstand nehmen, auch den Stellvertreter des Nürnberger Burggrafen also zu benennen. Und eher noch in der viel bedeutenderen königlichen Burggrafschaft Nürnberg als in der bischöflichen zu Würzburg mußte unter Umständen ein vicomes notwendig erscheinen!

Selbst den in Würzburger Urkunden von 1136 und 1137 auftretenden vicedominus Cunradus hat man zum Burggrafen von Nürnberg zu stempeln nicht gezögert. Wendrinsky[127]) glaubt sich zu einer solchen Aufstellung ohne weitere Beweise berechtigt.

Er bemerkt nämlich: „Die Bezeichnung Konrads als Vicedominus spricht für ihn als Burggrafen von Nürnberg, da der Bischof von Würzburg als Herzog von Franken sich als den eigentlichen Burggrafen ansah.“ Ueber die historische Unmöglichkeit der Annahme des Bischofs als Burggrafen von Nürnberg ist schon das Nötige gesagt worden.

Er sollte doch der Herzog sein, und nun auch noch der Burggraf in den einzelnen Burggrafschaften?

Dieser vicedominus Conradus, der als Zeuge in einer Urkunde Kaiser Lothars für Bischof Embricho von Würzburg v. J. 1136[128]) und in einer weiteren des Bischofs selbst v. J. 1137[129]) begegnet, war nichts anderes als ein würzburgischer Vogt, der Vizedom oder spätere Viztum. In dem weiterhin begegnenden Heroldus vicedominus will dann Wendrinsky wieder einen Würzburger Vizegrafen erkennen, „nachdem die Raabs mit der Thronbesteigung Konrads von Hohenstaufen ihr Verhältnis zu Würzburg klärten“ [130]). So schwankt er ohne sicheren Boden, nur der vorgefaßten Meinung folgend, bei der Auslegung zwischen dem Würzburger und Nürnberger vicecomes hin und her und wirft insbesondere vicedominus mit vicecomes zusammen.

Daß aber der vicedominus der Würzburger Urkunden mit dem Nürnberger vicecomes nicht verwechselt werden darf, das ergibt sich aus der Urkunde König Konrads III. für Kloster Ebrach v. J. 1151[131]). Während hier als erster Zeuge unter den Ministerialen der vicedominus Billung erscheint, wird unter den Freien Cunradus de Ragoz und Gotefridus de Nurenberg, letzterer der Burggraf, genannt. Auch in der goldenen Freiheit Barbarossas für Würzburg v. J. 1168[132]) begegnen unter den Zeugen Billungus vicedominus, Billungus und Heinricus sculteti und weiter ein Billongus vicecomes, der schönste Beweis dafür, daß vicedominus und vicecomes nicht gleichgesetzt werden dürfen und daß weiter bei dem vicecomes in den Würzburger Urkunden nicht an den Nürnberger Vizegrafen gedacht werden kann.

Bemerken will ich nur noch, daß das von mir bezüglich der Stellung und Verwandtschaft der beiden Konrade in der vorerwähnten Urkunde von 1170 Gesagte nur eine Hypothese darstellt, die man annehmen oder auch ablehnen kann. Jedenfalls hat sie manches für sich und ist zum wenigsten historisch möglich. Historisch unmöglich aber ist es, aus dem vicecomes de Nurnberg in einer Würzburger Urkunde und auf Grund dieser Bezeichnung einen Lehensmann des Bischofs von Würzburg zu machen. Wollte man daraufhin und verleitet durch die Fiktion der herzoglichen Gewalt des Bischofs über das Nürnberger Burggrafentum eine solche Annahme für zulässig halten, so müßte, wie es ja auch ganz ausdrücklich geschehen ist, weiter gefolgert werden, daß der Bischof von Würzburg der dem Nürnberger vicecomes übergeordnete comes, mit anderen Worten der Burggraf von Nürnberg gewesen wäre. Und das ist ein Nonsens. —

Vocke scheint sich mehr für einen freiwilligen Abzug der Burggrafen aus der Kaiserburg entscheiden zu wollen, und zwar hätten sie, wenn ich seine unklaren Darlegungen richtig verstehe, die Burg stückweise abgetreten. Zuerst 1248, als sie ihren Sitz nach Kadolzburg verlegten, die eigentliche Kaiserburg und 1270 das übrige mit der Abtretung der Burghut unter dem Sinwellturm an die Waldstromer[133]). Das erste ist eine bloße Vermutung, die sich darauf stützt, daß die Burggrafen 1248 mit anderen Besitzungen auch Kadolzburg erwarben. Beweise bringt Vocke nicht und kann sie nicht bringen, da sie nicht vorhanden sind.

Die zweite Behauptung aber beruht auf einem großen Mißverständnis. Am 12. Dezember 1270 verlieh Burggraf Friedrich III. seinem Burgmann Konrad Waldstromer das Haus neben seiner Burg mit dem angrenzenden Hof und anderen Zugehörungen sowie 10 ℔ Nürnberger Heller als erbliches Burglehen[134]). Es ist kein anderes Haus als das der custodia portae oder die Amtmannswohnung, die Konrad Waldstromer erhielt, gleich am Ausgang aus der Burggrafenburg in die Freiung. Von der Burghut unter dem Sinwellturm, der sog. Hasenburg, ist in der Urkunde nicht die Rede. Sie kann auch gar nicht gemeint sein. Aber wie kommt Vocke dazu, sie mit aller Bestimmtheit hier anzunehmen? Er ließ sich durch spätere Urkunden irreführen. Das Haus unter dem Sinwellturm — Burghut und Hofstatt, darauf eine alte Behausung steht, mitsamt dem Turmstück ob der Stadt Nürnberg unter dem sinwellen Turm — kam nämlich von Wilhelm Has zu Hasenburg i. J. 1428 an Hans Waldstromer und 1432 an die Stadt Nürnberg[135]). Mit dem Hause der Urkunde von 1270, von dem sie weit ablag, darf sie nicht verwechselt werden.

Eins geht wieder aus der Urkunde von 1270 mit Bestimmtheit hervor, daß nämlich die Burggrafen damals auf der Burg beim fünfeckigen Turm — der Burggrafenburg — und nicht auf der Kaiserburg saßen.

Essenweins Behauptungen bezüglich der Besitzverhältnisse der beiden Burgen lassen sich in folgenden Sätzen zusammenfassen:

1. Die Otmarskapelle befand sich auf der Kaiserburg, sie war die obere der Doppelkapellen, identisch mit der Kaiserkapelle.

2. Die Burggrafen erbauten sich die Doppelkapellen als ihr Mausoleum.

3. Sie wurden durch König Rudolf auf das Drängen der immer mächtiger emporwachsenden Reichsstadt bei dessen Regierungsantritt i. J. 1273 aus dem Besitz dieser Burg gesetzt und nahmen jetzt die Vorburg des östlichen Plateaus ein.

Schon vor Jahren habe ich wiederholt auf die Unhaltbarkeit der Essenweinschen Beweisführung hingewiesen[136]). Nur das Wichtigste kann ich unter Beibringung neuer Beweismomente aus meinen früheren Darlegungen hervorheben.

Nach der Urkunde vom 4. Mai 1267[137]), wodurch Burggraf Friedrich III. dem Kloster St. Egidien zu Nürnberg die Otmarskapelle verleiht, wird diese als in sua residentia sita bezeichnet. Und in der Bestätigungsurkunde vom folgenden Jahre — 6. März 1268[138]) — sagt Bischof Berchtold von Bamberg, sie gehöre dem Burggrafen ex antiqua et approbata et hactenus pacifice servata consuetudine. Dann aber müßte sie eine andere sein als die obere Kapelle der Kaiserburg, die Kaiserkapelle, die sich der Kaiser für den eigenen Gebrauch vorbehalten hatte, oder die untere, die Margaretenkapelle, welche König Friedrich II. 1216 dem deutschen Orden verlieh[139]). Von einem althergebrachten und ungestörten Besitze hätte nicht die Rede sein können, wenn sie erst 1267 und wohl noch viel früher den Burggrafen gehörte. Ganz unerklärt bleibt es auch, wie denn die Kapelle zwischen 1216 und 1267 vom Kaiser an den Burggrafen überging.

Es ist höchst bemerkenswert, daß der Gottesdienst in der Margaretenkapelle schon kurz nach 1216 und in der späteren Zeit von den Deutschherrn oder der ihnen zuständigen St. Jakobskirche abgehalten wurde, während er in der Otmarskapelle seit 1267 und im 15. Jahrhundert in der Walburgiskapelle von St. Egidien aus versehen wurde oder doch versehen werden sollte. Daraus ist aber zu schließen, daß, wie einerseits Margareten- und Otmarskapelle verschieden, so andererseits Otmars- und Walburgiskapelle nur zwei verschiedene Namen für die Kapelle der Burggrafenburg waren.

Dazu kommt noch ein Weiteres. Als der Rat, an den zugleich mit dem Kauf der Burggrafenburg i. J. 1427 auch das Patronat der Walburgiskapelle übergegangen war, i. J. 1489 den früheren Schulmeister oder Rektor von St. Egidien Friedrich Lindner für St. Walburgis präsentierte, spricht er vom „beneficium in capella sancti Otmari, alias sanctae Walburgis in castro quondam burggraviorum sita“ [140]). Deutlicher kann doch wohl die Gleichheit und die Zugehörigkeit zur Burggrafenburg nicht ausgesprochen werden als mit den Worten: Kapelle des hl. Otmar, sonst der hl. Walburgis auf der Burg der ehemaligen Burggrafen.

In den Jahren 1471, 1475 und 1479 werden Ablässe für den Bau der Walburgiskapelle erteilt und zwar am Ostertag, St. Otmarstag, St. Philippi- und Jakobi-, St. Walburgis-, St. Oswald- und am Kirchweihtag [141]). St. Otmar und Walburgis sind deshalb unter den Ablaßtagen, weil ihnen Altäre in der Kirche geweiht und sie deren Patrone waren.

Zu burggräflichen Zeiten hieß die Kapelle ausschließlich Otmarskapelle [142]), nach ihrer Wiederaufbauung aber in der Regel Walburgiskapelle, ohne daß aber — im 15. und 16. Jahrhundert wenigstens — der Name des hl. Otmar abgekommen war. 1528 [143]) ist zwar vom St. Otmaraltar im Chor die Rede, die Kapelle selbst aber wird „St. Walburgiskapelle an der Vesten“ genannt.

Und da man nun mit dem hl. Otmar nichts mehr anzufangen wußte, so übertrugen einige spätere Ortshistoriker [144]) seinen Namen auf die obere Kapelle der Kaiserburg, deren Patron, da sie ausschließlich Kaiserkapelle genannt wurde, in Vergessenheit geraten war. Daß sie aber seit Jahrhunderten Kapelle zum hl. Otmar genannt worden sei, wie Essenwein behauptet, ist nicht richtig.

Auch das Inventar, wie es sich nach einer Beschreibung v. J. 1528 in der Walburgiskapelle befand, spricht dafür, daß beide Namen die gleiche Kapelle bezeichneten. Der Hochaltar im Chor, St. Otmarsaltar genannt, wies Bilder dieses Heiligen, aber auch der Jungfrau Maria und der hl. Walburgis auf. In einer Bildnerei waren die Heiligen Otmar, Oswald und Walburgis dargestellt und dieselben Heiligen sah man nochmals an einem Heiltumstäfelein auf der Emporkirche. Endlich war der hl. Otmar noch auf einem roten wollenen Tuch der Walburgiskapelle abgebildet.

Entscheidend aber ist die Bezeichnung der Kapelle in

den Ablaßbriefen aus den Jahren 1471 und 1479[145]): capella sancti Otmari in castro anteriori Nurembergensi, Kapelle des hl. Otmar auf der vorderen Burg zu Nürnberg. Die vordere Burg zu Nürnberg kann aber keine andere als die Burggrafenburg sein.

Man sollte doch meinen, daß die angeführten Momente, denen noch weitere angefügt werden könnten, genügen dürften, um den Beweis zu erbringen, daß die Walburgis- und Otmarskapelle ein und dieselbe waren und die letztgenannte demnach nicht im Bezirk der Kaiserburg, wie Essenwein will, gelegen war, sondern in dem der Burggrafenburg.

Eine weitere Behauptung Essenweins geht dahin, daß die Burggrafen sich etwa von 1170—1190 in der Doppelkapelle auf der Kaiserburg ein Mausoleum geschaffen hätten. Das Bedürfnis leitet er daraus ab, „daß die Walburgiskapelle in frühester Zeit als öffentliches Gotteshaus für die Bewohner der Burg gelten konnte, sodaß der umgebende Platz als Friedhof angesehen werden mußte“[146]). Bei dem Bestreben der Kirche, das Begräbnis der Laien aus dem Innern des öffentlichen Gotteshauses fernzuhalten, wäre den Burggrafen, wenn sie, wie das in der Sitte der Zeit gelegen, nach dem Tode dort hätten ruhen wollen, wo sie im Leben geweilt hätten, nichts übrig geblieben, als sich ein Mausoleum zu errichten, wie dies anderswo geschehen.

Daß dieses Mausoleum in der Doppelkapelle zu suchen, will er aus der von ihm angenommenen Gleichheit der Otmarskapelle mit der Kaiserkapelle ableiten. Und merkwürdig genug, er weiß auch ganz genau zu sagen, von welchen Personen die beiden Skelette herrühren, die er bei seiner Aufgrabung im Jahre 1878 vorfand. Das untere ist nach ihm das des Stifters, des Burggrafen Konrad II., des letzten „des Hauses Ragz“, der um 1190 starb und von dem die Burggrafschaft auf seinen Schwiegersohn, den um 1201 verstorbenen Friedrich I., den ersten Burggrafen aus dem Hause Zollern, überging.

Und die Beweise? „Die Behauptung, daß Barbarossa die obere Kapelle gebaut hätte“, bemerkt Essenwein, „genügt mir natürlich nicht, da sie durch nichts belegt ist“. Weshalb hätte sich der alte Barbarossa ein Mausoleum in Nürnberg suchen sollen, da er doch seine Familienruhestätte in Lorch hatte und auch im Kaiserdom zu Speier in der Mitte seiner Vorgänger Platz gefunden hätte. Wenn aber der Kaiser diese Ruhestätte in der unteren Kapelle nicht suchte, so konnte es nur der Burggraf[147]) sein.

Die Intentionen zu ergründen, die der Kaiser bei der Errichtung der Doppelkapelle im Auge hatte, ob er sie für sich, ob für seine Familienangehörigen errichtete oder ob für ihre Erbauung die Vorbilder ähnlicher Bauten, wie die zu Goslar, Eger und anderswo, maßgebend waren und er es der Zukunft überließ, wer hier begraben werden sollte, sind wir heute nicht mehr in der Lage; es fehlt eben an allen Nachrichten, und was Essenwein im einzelnen vorbringt, wie z. B. die bestimmt bei ihm auftretende Behauptung, daß die beiden Skelette, die er ausgrub, Nürnberger Burggrafen angehören, ist auch nicht durch die geringste Nachricht belegt oder sonst irgendwie nachweisbar, es ist vielmehr die rein subjektive Meinung Essenweins, die auf unrichtiger Grundlage beruht.

Wenn Essenwein an einer Stelle meint, daß die burggräfliche Burg nur „ein kleines von vier Mauerzügen und vier Türmen umgebenes Haus, keineswegs aber ein Palast war, worin ein Reichsfürst wohnen konnte, als welcher der Burggraf schon in der ersten Hälfte des 12. Jahrhunderts" erscheine[148]), so ist darauf zu erwidern, daß die Burg, die Essenwein, wie wir sehen werden, ganz unrichtig rekonstruiert, nicht gar so klein war, wie er annimmt, und daß weiter der Burggraf in der ersten Hälfte des 12. Jahrhunderts noch keineswegs zu den Reichsfürsten gezählt wurde. Selbst das für die Erhebung der Burggrafen in den Reichsfürstenstand häufig angezogene Privileg Karls IV. vom 17. März 1363 verlieh ihnen diese Würde nicht. Die Erteilung des höheren Prädikats wurde vielmehr als eine unwesentliche Höflichkeit betrachtet, und es dauerte noch Jahrzehnte, bis der Burggraf allgemein als Reichsfürst Anerkennung fand[149]).

Daß die Burggrafen je auf der Kaiserburg wohnten, ist urkundlich nicht nachzuweisen, wohl aber, daß diese Burg den deutschen Königen, dem Reich gehörte. Welche Bewandtnis hatte es dann aber mit der Burggrafenburg und der Walburgiskapelle, der ältesten Kapelle auf der Burg und nach Essenwein sogar dem ältesten öffentlichen Gotteshaus auf der Burg, das demnach so alt war wie diese selbst? Wer hatte denn diese Burg bis zum Jahre 1273 inne? Oder bestand sie vielleicht bis dahin gar nicht? Und wenn Essenwein das nicht annimmt, sondern die Burggrafenburg so alt sein läßt als die Kaiserburg, wie kann er da nur glauben, daß der eine Burggraf gleich zwei Burgen, die unmittelbar neben einander lagen, zunächst vom Kaiser als Lehen empfangen, sie seit Jahrhunderten innegehabt und dann die größere verhältnismäßig sehr spät hätte aufgeben müssen! Ist es überhaupt wahrscheinlich, daß der König den Besitz seines Lehenmanns, der diese Lehen bald in erblichen Besitz zu verwandeln vermochte, in einer so außergewöhnlichen Weise hätte anwachsen lassen?

Ist es nun schon an und für sich nicht nachweisbar, daß der Burggraf von der größeren Burg auf die kleinere mit oder gegen seinen Willen versetzt worden sei, so muß die weitere Behauptung, es habe sich diese gewaltige, wenn nicht gar gewaltsame Umgestaltung der Verhältnisse auf der Burg beim Regierungsantritt König Rudolfs von Habsburg vollzogen, als nicht weniger unstichhaltig und unhistorisch bezeichnet werden.

Wie kann man nur annehmen, daß der König, der dem Burggrafen wegen der erheblichen Dienste, die er ihm bei der Erhebung auf den Thron geleistet hatte, in so außerordentlicher Weise verpflichtet war, ihn zum Dank dafür aus seinem alten, angestammten Besitz sollte verdrängt haben, und wie kann man weiter annehmen, daß der Burggraf nach solchem Verlust sich dazu verstanden haben sollte, sich gleich unter seiner alten Residenz auf einer kleinen Feste häuslich einzurichten!

König Rudolf nahm denn auch dem Burggrafen die Kaiserburg nicht, deshalb, weil dieser sie nie besaß, sondern er beließ ihm die ihm längst als erbliches Lehen zustehende Burggrafenburg, castrum, quod tenet ibidem, die Burg die er dort besitzt, wie es in der Lehensurkunde von 1273[150]) heißt.

Die größere Burg im Westen war nämlich von jeher ausschließlich in Eigentum und Besitz der Könige und Kaiser. Kaiser Friedrich I. nennt sie 1181[151]) und 1184[152]) in von ihm ausgestellten Urkunden castrum Nourinberc und palatium und 1187[153]) ganz ausdrücklich castrum nostrum Nurinberc. Konradin hatte sie 1266[154]) oder schon vorher zugleich mit der Stadt an sich gebracht, und mit der Konradinischen Erbschaft ging sie an die Herzoge Ludwig und Heinrich von Bayern über, die sich 1269[155]) dahin vertrugen, daß sie ihnen wie die Stadt Lauingen zu gleichen Rechten zustehen sollte. Als dann der tatkräftige Rudolf den Königsthron bestieg, kamen Burg und Stadt wieder an das Reich. Von den Burggrafen ist hier überall auch mit keinem Worte die Rede und kann nicht die Rede sein, aus dem einfachen Grunde, weil sie auf dieser Burg nichts zu schaffen hatten und ihnen bloß die kleinere Burg, die Burggrafenburg, zustand.

Auf der Burggrafenburg aber war von jeher der Sitz der Burggrafen. Diese Burg war übrigens ursprünglich nichts weniger als die Burg der Burggrafen selbst, sie war vielmehr die erste, die älteste Königsburg, die unter der Hut und dem Befehl der castellani stand. Diesen Titel führten nämlich die Burggrafen bis um die Mitte des 12. Jahrhunderts ganz ausschließlich bis auf die wenigen Ausnahmen, in denen sie praefecti genannt werden[156]). Dann aber erscheint als ihr Amtstitel in der Regel der Ausdruck burggravius.

Weil aber dieses Amt zunächst im Geschlecht der Grafen von Raabs und seit etwa 1192 in dem der Grafen von Zollern bald erblich wurde, so besorgten seine Inhaber mehr ihre eigenen Geschäfte als die von Kaiser und Reich und erweiterten auf deren Kosten ihre Macht und ihren Besitz in bedenklicher Weise. Diesen zentrifugalen Bestrebungen der Burggrafen und anderer lokaler Gewalten gegenüber mußte der Kaiser die Interessen des Reiches zu wahren, das Reichsgut zu schützen, reichsfreie Leute und Städte sowie die geistlichen Stiftungen in ihrem Bestand zu erhalten sich angelegen sein lassen. Er setzte zur Wahrung der kaiserlichen Interessen einen besonderen Beamten ein, der unter der Bezeichnung eines buticularius oder Butiglers schon vor 1220[157]) erscheint, vorher — 1213 — als provisor de Nurenberg auftritt[158]) und schon 1200 als major[159]) in seiner Tätigkeit nachzuweisen ist. Ohne Zweifel geht seine Wirksamkeit noch weiter in das 12. Jahrhundert zurück[160]). Als Stützpunkt aber für diese zur Erhaltung des Reichsguts einsetzenden Bestrebungen erbaute sich der Kaiser zu seinem ausschließlichen Gebrauch eine besondere Burg, die er mit dem umliegenden Reichsgut der Verwaltung jenes kaiserlichen Vogtes anvertraute, der sich ganz besonders von dem Burggrafen dadurch unterschied, daß sein Amt nie erblich geworden ist.

So haben wir uns die Entstehung der Reichsburg zu denken. Wann sie zuerst gebaut worden ist, läßt sich quellenmäßig nicht genau nachweisen, aber vielleicht doch annähernd bestimmen.

Die Zweiteilung der Burg geht äußerlich am deutlichsten aus dem Vorhandensein zweier Kapellen hervor. Dadurch tritt jede der beiden Burgen als eine besondere Individualität am klarsten in die Erscheinung. Die Otmarskapelle im Bezirk der Burggrafenburg wird zwar erst i. J. 1267[161]) zum erstenmale genannt, aber diese Urkunde, wodurch Burggraf Friedrich III. dem Egidienkloster die Kapelle des hl. Otmar auf der Burg zu Nürnberg, in seiner Residentia, seinem Sitz, mit dem Patronat und allen Nutzungen und Rechten überträgt, läßt ersehen, daß die Kapelle längst bestand. Er überträgt sie nämlich mit den Rechten, wie er sie von seinen Vorgängern überkommen hat. Und Bischof Berthold von Bamberg bestätigt im folgenden Jahre[162]), daß dem Burggrafen das Patronatsrecht nach alter, anerkannter und ungestörter Gewohnheit zugestanden habe. Es darf daher angenommen werden, daß die Rechte des Burggrafen an der Otmars- oder späteren Walburgiskapelle wenigstens bis auf den ersten aus Zollerschem Hause, der 1192 sein Amt antrat, zurückreichen. Aber es ist gar nicht ausgeschlossen, daß sie auf ein noch viel höheres Alter zurückblickt, vielleicht so alt ist wie der fünfeckige Turm. Wie mir von autoritativer Seite versichert wurde, spricht der letzte romanische Ueberrest der Kapelle, das Tonnengewölbe, in dem sich der Chor befindet, in keiner Weise gegen eine solche Annahme.

Die Kapelle der Kaiserburg erscheint zum erstenmal in einer Urkunde vom Jahre 1216[163]). König Friedrich II. schenkt darin dem deutschen Haus zu Nürnberg die Kapelle der Burg, die zurzeit der Priester und Kaplan derselben Konrad mit dem Beinamen Bischof versieht. Bei dessen Todesfall soll sie in geistlichen wie weltlichen Dingen an den Orden übergehen. Gemeint ist die untere der beiden Kapellen, die Margaretenkapelle, deren Gottesdienst auch noch in späteren Jahrhunderten vom Orden aus besorgt wurde. Die obere Kapelle verblieb dem König zu dessen ausschließlichem Eigentum und Gebrauch. Aus dieser Urkunde ist ein Zweifaches zu entnehmen. Zunächst, daß die Kaplanei schon vor 1216 an einen Kleriker verliehen war, ihre Entstehung somit spätestens im 12. Jahrhundert anzunehmen ist. Damit stimmt denn auch die von Essenwein[164]) und Schulz[165]) angenommene Bauzeit innerhalb der Jahre 1170—1190 überein. Dann aber folgt daraus unwiderleglich, daß wir eine Kapelle vor uns haben, über die der König verfügte und keineswegs eine solche, die vom Burggrafen abhängig war. Wir haben daher konform der früheren Beweisführung zu schließen: weil die Kapelle auf der westlichen Burg ausschließlich dem Kaiser, die der östlichen ausschließlich dem Burggrafen zustand, so muß auch von den zugehörigen Burgen angenommen werden, daß die eine Kaiser- oder Reichsburg, die andere Burggrafenburg schon im 12. Jahrhundert gewesen ist.

Und wenn man die Frage nach der Zeit der Erbauung der Kaiserburg stellt, so dürfte sie gerade in diese Zeit, in die Zeit der Staufer und weiter in die Zeit der Regierung des mächtigsten Vertreters dieses Geschlechts, Kaiser Friedrichs I., zu setzen sein. Er, der die Stärkung der Macht und des Ansehns von Kaiser und Reich mit allen Kräften erstrebte, mußte auch in Nürnberg, wo noch ein bedeutender Rest des alten ausgedehnten Reichsgutes sich vorfand und wo in dessen Mitte eine der blühendsten Reichsstädte lag, darauf bedacht sein, gerade hier seine Macht zu stützen. Und so baute er denn zu der Burggrafenburg, die ihrer einstigen Bestimmung völlig entfremdet worden war, und im Gegensatz zu ihr die neue Burg zum Schutz der Interessen des Reichs, des Reichsguts und der unter ihr liegenden Reichsstadt.

Der unregelmäßige Anschluß der Doppelkapelle an die Ostmauer des Palas zeigt nach Essenwein[166]), daß diese schon vor der Kapelle bestanden haben muß. Die Funde von 5 Kämpferkapitälen in reicher Verzierung auf der Westseite aber lassen erkennen, daß die Erbauung der Burg im 12. Jahrhundert und zwar in der 2. Hälfte desselben erfolgte. Diese Meinung wird auch sonst von den Kunsthistorikern geteilt.

Und nun kommen wir endlich zu dem ältesten und merkwürdigsten Baudenkmal der Burg und der Stadt, dem fünfeckigen Turm. „Stark verwittert in seinen alten Bossenquadern auf der West- und Südseite, wohl erhalten dagegen nach Norden und Osten, stellt er in seinem überaus starken Mauerwerk, das in seinem wahrscheinlich 1420 zerstörten oberen Teil durch einen Backsteinbau ergänzt wurde, mit seinem massiven Mauerfortsatz auf der Nordostseite, der nach Süden hin einspringend die fünfte Ecke bildet, als ein Bauwerk dar, das sich nicht zum zweiten Male findet und das den Forschersinn der Altertümler, Historiker und Architekten oft und anhaltend beschäftigt hat und noch beschäftigt"[167]). Der Grundriß des Turmes ist übrigens gar nicht fünfeckig, sondern quadratförmig wie der innere Raum; der Fortsatz aber, der, weil massiv, nicht etwa zur Raumgewinnung angefügt sein kann, ist nur aus der Grundform des Felsens zu erklären.

Nach Essenwein soll sich auf der Nordostecke noch ein weiterer Turm angeschlossen haben, von dem die fünfte Ecke der letzte Rest sein soll[168]). Aber diese Annahme muß schon wegen des überaus steilen Abfalls des Felsens an dieser Stelle, aber auch, wie wir noch sehen werden, aus anderen Gründen abgewiesen werden.

Wir werden noch am ersten zu einem Ergebnis über die Bedeutung des Turmes und insbesondere den Zweck der fünften Ecke kommen, wenn wir ihn im Zusammenhang mit seinem natürlichen Unterbau näher ins Auge fassen.

Der Fels, auf dem er steht, zeigt wohl die charakteristischste Form der sämtlichen Felsbildungen auf dem ganzen Burgberg. Auf der Nordseite nach dem Graben hin bildet er an dessen Sohle bis zum Fuß des Turms einen viereckigen Vorsprung. Schroff fällt er nach allen Seiten ab, besonders im Westen, Norden und Osten, etwas weniger steil im Süden, aber auch hier ist der Abfall bedeutend. Etwa 2 m unterhalb des untersten Dachbodens der Kaiserstallung springt er, soweit man sehen kann, auf drei Seiten, im Westen, Norden und Osten, bedeutend ein und verjüngt sich weiter, oben in der untersten Dachbodenhöhe der Kaiserstallung in eine zur Aufnahme des Mauerwerks künstlich bearbeitete und vertiefte Platte ausgehend, die den Turm trägt.

Den einzigen Zugang zu dieser Felsennadel bildet ein Felsrücken oder besser gesagt eine Felszunge, die von Westen her, von der Amtmannswohnung aus sich mit der Spitze gegen die südwestliche Ecke vorschiebt.

Wenn wir uns den fünfeckigen Turm von den verschiedenen Anbauten, die er im Laufe der Jahrhunderte erhielt, frei denken, so war sein Standpunkt der am meisten nach der Landseite zu vorgeschobene, von hier aus durchaus unzugänglich und sturmsicher. Aber auch von den anderen Seiten war diese schroff abfallende Stelle mit dem darauf errichteten massigen und erst weiter oben zugänglichen, im übrigen nur enge Schlitze aufweisenden Bollwerk dem Belagerer kaum erreichbar und konnte nur ausgehungert werden. Der Platz war von der Natur wie dazu geschaffen, einen Beobachtungsposten, einen Wartturm aufzunehmen, und zu diesem Zwecke scheint auch der Turm, „der Hochturm auf der Veste“, wie er urkundlich heißt, nach seiner ganzen Gestalt und seinem ganzen Aussehen im Äußern wie im Innern erbaut und an ihn in späterer Zeit die weiteren Burggebäude angeschlossen worden zu sein.

Die fünfte Ecke entstand dadurch, daß man den Bau genau der Form des Felsens anpaßte. Der Baumeister hat sich auch sonst der von der Natur gegebenen Grundfläche auf das engste angeschmiegt, der Turm erscheint wie aus dem Felsen emporgewachsen, wie dessen Fortsetzung. Die auf den ersten Blick höchst auffallende Tatsache, daß der Turm gegen alle Gewohnheit nicht die eine Seite, sondern die eine Ecke dem Graben zukehrt, ist nur daraus zu erklären.

Aber was konnte den Baumeister nur veranlassen, über dem Felsvorsprung auf der Nordostecke noch einen besonderen massiven Bau aufzuführen?

Wollte er etwa dem Feinde für einen Angriff keinen Raum übriglassen? Aber was hätte diese kleine Stelle für einen Angriff auf den mächtigen, massiven Turm nützen können! Oder wollte er den Turm auf dieser Seite besonders wehrhaft und widerstandsfähig machen? Dann hätte die Verstärkung der Mauer doch nur in der Front und nicht auf der Seite einen Sinn gehabt. Oder wollte man durch die Verdickung des Mauerwerks an der sehr abschüssigen Stelle dem Bau einen festeren Halt geben, dessen Ausweichen verhindern? Auch dieser Zweck würde nach dem Urteil der Architekten durch die Aufführung der fünften Ecke kaum erreicht worden sein.

Oder aber man schloß sich bei der Fundierung des Turms der von der Natur gebotenen Grundfläche genau an, in dem Gefühl, daß es auf jeden Fall sicherer sei, den Felsvorsprung mit in den Bau einzubeziehen. Man hätte ihn ja auch abschrägen können. Aber man hütete sich wohl, von seinem kleinen Bestande auch nur das Geringste preiszugeben. Für die allmähliche Zersetzung und Abbröckelung hätten schon Wind und Wetter gesorgt. Um aber ihren zerstörenden Einflüssen zu begegnen, überbaute man auch die Felsecke und führte den Anbau bis zur Höhe des Turmes hinauf.

Der fünfeckige Turm gibt sich schon durch seinen traditionellen Namen „Altnürnberg“ als das älteste Bauwerk der Burg und der Stadt zu erkennen, und schon seit

Jahrhunderten bietet er dem Beschauer auf der Süd- und Westseite die von Sturm und Wetter zernagten Außenflächen dar. Konrad Celtis schildert ihn in seiner 1495 vollendeten Norimberga [169]). Er falle durch sein ehrwürdiges Alter in die Augen und werde von den Bürgern verehrungsvoll „Altnürnberg" genannt. Von rauhem Stein und häßlich in seiner Verwitterung, wie er denn von Regen und Sturm gehaßt werde, sei er ein hervorragendes Denkmal hohen Alters und des Wechsels der Zeiten. Seine Form sei weder rund noch viereckig, sondern gegen die Art unserer Gebäude durch eine lange Abseite entstellt.

Den Namen Altnürnberg führte er übrigens längst vorher. 1427 war er mit der Burggrafenburg in den Besitz der Stadt übergegangen und gleich bei der nächsten Gelegenheit, in der Stadtrechnung des folgenden Jahres [170]), wird er als der „hochturm auf der vesten bei dem Luginzlant, Alten Nuremberg" und 1429 als der „hochturm auf der vesten, Alten Nüremberg genannt" verzeichnet [171]). Es war eben der hergebrachte Name, der ihm schon seit Jahrhunderten anhaftete und der wohl am schlagendsten beweist, daß wir in ihm das älteste Bauwerk der Stadt zu erblicken haben.

Der fünfeckige Turm ist als der Ausgangspunkt der Nürnberger Burg zu betrachten. Es ist ganz ausgeschlossen, daß schon um die Mitte des 11. Jahrhunderts, wie Essenwein will, die Burganlage über den ganzen Burgberg, über sämtliche drei Plateaus ausgedehnt worden, und noch weniger haltbar die Meinung, daß damals schon zwei Burgen erbaut worden seien.

Essenwein behauptet, ein Blick auf die Gestalt des Felsens zeige, daß der fünfeckige Turm an der schwächsten Stelle stehe, daß er also nicht allein, beherrscht vom Plateau, als Werk dagestanden sein könne, daß vielmehr jede, auch die erste Befestigung den Fels vollständig umschlossen haben müsse, da sich noch zwei Abteilungen höher erhöben, der Besitz aber von dem höchsten Punkte abhängig sei [172]).

Selbst wenn man die Richtigkeit dieser Aufstellungen in jedem Punkte anerkennen wollte, so wäre damit noch lange nicht der Beweis erbracht, daß nun auch das ganze Westplateau, das jetzt die Kaiserburg einnimmt, schon in der frühesten Zeit in seiner ganzen Ausdehnung als Burg befestigt gewesen sei. Zur Sicherung dieses Plateaus und zugleich des östlichen mit dem fünfeckigen Turm, den Essenwein für die schwächste Stelle der ganzen Burg erklärt, hätte es auch genügt, wenn die beiden erhabensten Punkte, der Fels mit dem Sinwellturm und die Erhebung vor dem westlichen Abfall des Felsens durch einen Turm oder ein sonstiges Werk und eine Ummauerung befestigt gewesen wären.

Im übrigen war die ganze Lage des fünfeckigen Turms so hinausgeschoben und unzugänglich und der Turm selbst so fest gebaut und unangreifbar, daß er es mit jeder anderen Position des Burgbergs, was Unüberwindlicheit anlangte, sehr wohl aufnehmen konnte. Diese ganz eigenartige Lage und Beschaffenheit seines Platzes aber begünstigte eher als irgendeine andere Stelle des ganzen Berges die Errichtung eines Wartturms. Und daß er als solcher erbaut worden ist, scheint auch seine ganze innere Beschaffenheit, seine rauhen, aus wenig behauenen Steinen bestehenden und nur einen ganz primitiven Verputz zeigenden Innenwände und seine auffallende Unwohnlichkeit und Unwirtlichkeit deutlich zu bezeugen.

Eine andere Frage ist es, ob das Gelände unmittelbar unter der Felserhebung, die den fünfeckigen Turm trägt, zumal nach der Stadt zu, die gleiche Sicherheit bot wie der aufsteigende Fels selbst. Und da muß allerdings festgestellt werden, daß hier die schwächste Stelle des ganzen Burgplateaus liegt. Wer den westlichen und höchsten Teil des Burgbergs erzwingen wollte, mußte diese Stelle notwendig passieren. Hier war der einzige Zugang zum ganzen Burgberg und von seiner Sicherheit und Festigkeit hing ihr ganzes Schicksal ab. Was war da natürlicher, als daß man gerade diese Stelle zunächst zu sichern suchte, nicht aber den Teil, der dieser Befestigung in erster Linie gar nicht bedurfte, da er durch seine erhöhte Lage und den steilen Abfall der Felsen nach jeder Seite hin schon von der Natur aus geschützt war. Dagegen war es ein nicht abzuweisendes Erfordernis, den Zugang zum Berg zu sperren, durch ein Werk, das den Rücken von Südwesten nach Nordosten auf den fünfeckigen Turm hin überquerte, durch eine besondere Burg.

Und diese Burg, welche hier im Anschluß an den fünfeckigen Turm entstand, behaupte ich, war die erste Burg, welche auf dem Burgberg errichtet wurde. Diese Annahme aber gewinnt mehr und mehr noch an Wahrscheinlichkeit, wenn wir uns das Verzeichnis der zur königlichen Tafel zinsenden Königshöfe aus der Zeit von 1064/1065 näher ansehen. Hier wird deutlich die curia von dem castrum unterschieden. Es ist noch die Zeit, da auf dem Burgberg nur erst eine Burg stand, während der übrige Teil des Berges den Zwecken des Königshofes zu dienen hatte. Der Sitz des Königshofes aber, der älteste Teil der ganzen Burgbesiedlung, muß auf dem höchsten, weil sichersten Plateau, dem größeren westlichen Teile des Burgbergs angenommen werden. Eine einfache Befestigung kann schon in ältester Zeit ihren Zugang geschirmt haben da, wo etwa um 1050 die erste Burg sich erhob. Dieses castrum, das einzige auf dem ganzen Berge, war damals das castrum regium unter der Hut des königlichen Kastellans und späteren Burggrafen und bildete damals schon eine Art custodia portae der curia regia.

Um die fünfte Ecke zu erklären, nimmt Essenwein an, daß hier noch ein weiterer kleiner Turm angebaut war, dem noch zwei weitere Türme der nach Osten, dem Luginsland zu gelegenen Kemnate entsprochen hätten, während der fünfeckige Turm selbst in einem gleich großen nach der Stadt zu, der den Eintritt in die Burg vermittelte, ein Gegenstück gefunden hätte.

Diese Rekonstruktion erscheint zwar in der Zeichnung sehr schön und einnehmend, aber sie leidet doch an einem großen Fehler, sie ist mit den tatsächlichen, den historisch-topographischen Verhältnissen nicht in Einklang zu bringen. Gegen Essenweins Annahme spricht zunächst der Umstand, daß die burggräfliche Burg sich nach Osten nicht über den Felsen, der den fünfeckigen Turm trägt, erstreckt hat. Die Mauer, welche diese Burg nach Osten zu abschloß, lief, wie man heute noch auf das deutlichste erkennen kann, von Süden nach Norden auf den fünfeckigen Turm zu, das Gelände weiter östlich beim Luginsland vom Burgbezirk ausschließend. Die Kemenate aber lag nicht nach Osten hin, wie man anzunehmen gewohnt ist, sondern war im Süden an den fünfeckigen Turm angebaut. Abgesehen von anderen, urkundlichen Beweisen ist das aus den Balkenlöchern an der Südseite des Turms und aus den Grundmauern zu entnehmen, die vor Jahren auf der Anhöhe der Walburgiskapelle, einer Schutthalde, die die letzten Trümmer der burggräflichen Kemenate birgt, deutlich zutage treten. Gegen die Lage der Burggrafenburg östlich vom fünfeckigen Turm spricht auch Wolgemuts Abbildung in Hartmann Schedels Weltchronik, die in dem ganzen Zwischenraum zwischen fünfeckigem Turm und dem 1377 erbauten städtischen Luginsland auch nicht die Spur eines Bauwerks erkennen läßt. Daß der Luginsland völlig isoliert stand, geht auch aus den Nürnberger Jahrbüchern hervor, welche berichten, er sei erbaut worden, „darumb, daß man in des markgrafen purk möcht gesehen[173])“. Will man auch dieser späteren Erzählung kein besonderes Gewicht beilegen*), so muß doch ein anderer Umstand als ausschlaggebend bezeichnet werden. Der Luginsland ist auch auf der Seite nach dem fünfeckigen Turm hin in fast allen Stockwerken, auch den unteren, mit je 2 tiefen Nischen versehen, die in Fenster ausgehen. Diese Fenster aber konnten nur dann einen Sinn haben, wenn sie auf einen freien Platz hinausgingen. Damit aber fällt endgültig Essenweins Rekonstruktionsversuch der burggräflichen Burg und seine Annahme, daß an dem Fortsatz des fünfeckigen Turms, die fünfte Ecke, sich ein zweiter Turm mit noch weiteren Gebäuden angeschlossen habe**).

Nach Essenweins Rekonstruktion erscheint die Burggrafenburg, zu der auch die nach der Stadt zu gelegene Freiung gehörte, die unter ihrem Schutze stand, als ein sehr ausgedehntes Bauwerk. Und doch war sie nach Meisterlins Angaben ein parvum fortalitium, ein castellum minus oder „das klein schloß bei dem kaiserlichen“ Schloß[174]).

Und Meisterlin, der so oft Unzuverlässige, hier verdient er Glauben, denn er selbst sah noch die Trümmer dieser Burg.

Um auch auf die neuesten Meinungen über das Verhältnis der Burggrafen zur Kaiserburg einzugehen, so beruft sich der bekannte Hohenzollernforscher Ludwig Schmid für seine Darlegungen besonders auf Essenwein[175]), von dem er aber gerade in der vorliegenden Frage wesentlich abweicht. Nach ihm „bildete das Burggrafenschloß zugleich die Vorburg, durch welche man höchst wahrscheinlich unter König Konrad III. und dessen Nachfolger Kaiser Friedrich, dem Rotbart, die schmale, von Natur nicht starke Ostfront der

*) Die Bemerkung der Jahrbücher ist wohl auf das Vorhandensein der Fenster auch auf der Westseite zurückzuführen.

**) Der Rekonstruktionsversuch ist auch sonst nicht genau, hält sich nicht an die gegebenen topographischen Verhältnisse. So fehlt bei ihm das uralte Gebäude der custodia portae, der Amtmannswohnung, an dessen Stelle er einen Turm setzt.

Kaiserburg zu verstärken gesucht; da der Zugang zu derselben auf die gedachte Front führte"[176]). Einen Beweis für die Annahme einer so späten Entstehung der burggräflichen Burg erbringt Schmid in keiner Weise. Sie ist aber deshalb völlig hinfällig, weil, wie gezeigt wurde, die burggräfliche Burg nichts anderes war als die ursprüngliche, die älteste Kaiserburg. Also ganz umgekehrt ist das Verhältnis, als wie es sich Schmid vorstellt.

Als ein entscheidendes Jahr für die Geschichte der Burg nimmt er 1138 an. In diesem Jahr wurde nämlich der Anspruch, den der Bischof von Würzburg als „Herzog von Franken" auf die Burg geltend machte, für immer durch König Konrad III. abgetan, der sich beeilte, Burg und Stadt wieder an sein Haus zu bringen, die ihm Burggraf Gottfried denn auch auslieferte. Er wurde so zwar „Vasall des Königshauses, konnte aber in dieser Eigenschaft auf Schutz hoffen gegen die oberhoheitlichen Ansprüche der Bischöfe von Würzburg als Herzoge von Ostfranken"[177]). Der Hauptgrund, den Schmid für die Ausübung der Hoheitsrechte durch die Bischöfe von Würzburg in Nürnberg anführt, daß nämlich „in Lothars ganzer Regierungszeit weder Gottfried noch Konrad als Burggraf genannt werde", ist so wenig stichhaltig, daß er weiter nicht in Betracht kommen kann.

Wie wir sahen, mißt auch Riedel dem Jahre 1138 eine besondere Bedeutung bei, indem er in dieses Jahr den Abzug der Burggrafen von der Kaiserburg und wohl auch die Erbauung einer besonderen burggräflichen Burg setzt. Ihm folgt Gengler[178]). Zunächst nimmt er allerdings die Meinung Riedels und Schmids wieder auf, die Würzburger Bischöfe hätten die vermöge ihrer Herzogsgewalt in Ostfranken beanspruchte Lehensherrlichkeit über alle darin gelegenen Grafschaften auch auf den Burggrafen von Nürnberg erstreckt. Das wurde nun anders mit der Uebergabe der Burg durch Burggraf Gottfried an König Konrad im Jahre 1138, die durch einen Vergleich erfolgte und wodurch die Burggrafschaft in den Familienbesitz des Königs überging. Von dem hier behaupteten Vergleich weiß allerdings die Geschichte nichts, und man sollte auch glauben, daß der König es verschmäht hätte, mit einem Vasallen von so geringer Bedeutung, wie es der Burggraf damals noch war, einen Vergleich wegen der ihm als Reichsoberhaupt zustehenden Burg abzuschließen, während er als solcher und als Lehensherr doch einfach befehlen konnte. Uebrigens widerspricht sich Gengler, wenn er zunächst behauptet, die Burg sei Familienbesitz des Königs geworden, und einige Zeilen weiter von ihr als einem unmittelbaren Reichslehen spricht, in das sie damals umgewandelt worden sei. Infolge jenes Vertrages aber soll sie „ihre ursprüngliche einfache Burghutsaufgabe mit einer komplizierten militärisch-jurisdiktionellen vornehmlich in der Richtung gegen den Ort Nürnberg“ vertauscht haben. Die Annahme der Entsetzung der Burggrafen von der Reichsburg hat Gengler von Riedel übernommen, auf den er sich lediglich beruft. Es kann daher auf das früher Gesagte verwiesen werden. Wenn Gengler aber als neu hinzufügt, daß eine Erweiterung der burggräflichen Rechte nach einer anderen Seite erfolgte, eine „komplizierte militärisch-jurisdiktionelle Aufgabe“ vornehmlich der Stadt gegenüber den Burggrafen eingeräumt worden sei, so ist das nicht nur nicht erweisbar, sondern steht auch mit der ganzen historischen Entwicklung, die die Verhältnisse in Nürnberg genommen haben, in ganz unauflöslichem Widerspruch. Denn von den Befugnissen, die den Burggrafen ursprünglich in Nürnberg zustanden, bröckelte im Laufe der Zeit eine nach der anderen ab. Mit der stets fortschreitenden Entwicklung des Nürnberger Gemeinwesens gingen die Kompetenzen des Burggrafen in gleichem Verhältnis zurück. So erfolgte die Einsetzung des Schultheißen, die Aufstellung des Buticularius und die Errichtung der Forst- und Zeidelgerichte, die Einführung der städtischen Verwaltung unter einem vom Burggrafen völlig unabhängigen Rat und die Organisation eines selbständigen städtischen Militärwesens durchaus auf Kosten der Gerechtsame des Burggrafen. So kann denn wohl von einer allmählichen Loslösung von Rechten von der ursprünglichen Amtsgewalt des Burggrafen die Rede sein, aber nie und nimmer von dem späteren Aufkommen „einer komplizierten militärisch-jurisdiktionellen Aufgabe der Burggrafen vornehmlich in der Richtung gegen den Ort Nürnberg“. Diese ganze Hypothese läßt sich durch keine einzige Urkunde und Quellennachricht stützen und ist daher, zumal sie der geschichtlichen Entwicklung widerstreitet, unbedingt abzulehnen.

Gegen Riedel und Gengler wendet sich auch Rietschel, aber nur hinsichtlich des Zeitpunktes, in dem die Burggrafen von der Kaiserburg abkamen. Nach ihm haben sie erst später, aber jedenfalls vor dem Jahre 1273, wie er sich ausdrückt, „das Kommando über die königliche Burg verloren“ [179]).

Nur ihre eigene neben der Königsburg errichtete und ihnen zum Wohnsitze dienende Burg haben sie 1273 behauptet, außerdem als letzten Rest der alten Burghut die custodia portae sitae prope idem castrum, womit entweder der östliche Eingang zur Reichsburg oder eine an der Stelle des heutigen Vestnertors gelegene Pforte gemeint sein kann." Die Custodia portae, die einen Bestandteil der burggräflichen Burg bildete und in der Verpflichtung bestand, das Tor der Reichsburg beim Sinwellturm zu schützen, ist weder das eine, noch das andere, was Rietschel will. Sie haftete vielmehr an einem ganz bestimmten Gebäude der burggräflichen Burg, das bei der einstigen Zerstörung nicht zugrunde gegangen ist und heute noch besteht, dem Hause der custodia portae oder der Amtmannswohnung der burggräflichen Burg, die diese im Westen abschließt.

Rietschels Aufstellung der Entsetzung der Burggrafen von der Kaiserburg — des Verlusts „des Kommandos über die Königsburg" — ist nicht neu, sie lehnt sich an die Meinungen Riedels, Genglers und Essenweins an, von denen dieser sie allerdings in das Jahr 1273 selbst setzt, während jene sich für 1138 entscheiden. Auch auf Hegel beruft sich Rietschel. Aber auch damit hat er seine Position keineswegs verbessert. Denn Hegel gibt nur die bestehende Meinung wieder, ohne sie auf ihre Richtigkeit zu untersuchen[180]).

Und nun fasse ich in aller Kürze meine Meinung zusammen. Die Burggrafen waren von jeher ausschließlich im Besitz der sog. Burggrafenburg auf dem östlichen Plateau des Burgbergs, die Kaiserburg aber haben sie nie innegehabt und konnten deshalb nicht aus ihr, weder 1138, noch vor 1273, noch zu einer anderen Zeit exmittiert werden, weil das, was man heute Kaiserburg nennt, entweder noch nicht bestand oder ihnen in irgend einer Weise übergeben war. Von ihrer Burg aus übten sie indes die custodia portae, die Hut der Kaiserburg oder des Eingangstors derselben, aus, die an einem ganz bestimmten Gebäude ihrer Burg, das den Namen custodia portae führte, haftete.

Nach allem war die Burg der Burggrafen die kleinere der beiden Burgen, die der Burgberg trug, eine Burg von verhältnismäßig geringem Umfange. Auch daraus könnte man auf ein höheres Alter schließen. Und so paradox es auch im ersten Augenblick erscheinen mag, ein Satz tritt, je länger man sich die Geschichte der beiden Nürnberger Burgen vor Augen führt, immer klarer und wahrer hervor:

Wo der Burggraf war, da war auch die älteste Königsburg, die älteste Burg überhaupt. Er war nie von der größeren Burg entsetzt worden und auf die kleinere herabgekommen, sondern auf der Burg geblieben, wo er von Anfang an war, zuerst als castellanus und praefectus, dann als burcgravius. Und er blieb in ihrem Besitz, bis er sie 1427 an die Stadt verkaufte.

Diese Burg und die benachbarten ältesten Ansiedlungen aber gehörten auf das innigste zusammen, sie waren fast zu der gleichen Zeit auf Reichsboden entstanden und sind zurückzuführen auf das neugegründete Bistum Bamberg, das bestimmt war, Christentum, Deutschtum und Kultur im Slavenlande zu verbreiten. Die Burg sollte ein Stützpunkt dieser Bestrebungen sein, ein Bollwerk gegen das Vordringen der Slaven, eine Schutzwehr für das umliegende Neuland.

Gegend, Burg und Stadt waren weder römische, noch keltische, noch endlich slavische Gründungen. Sie waren urdeutsch und im besonderen bayrisch, wie denn auch Nürnberg in der ältesten Zeit ganz ausdrücklich als bayrisch in Anspruch genommen wird.

I. Exkurse.

1. Johannes Müllners Annalen.

Der Nürnberger Ratsschreiber und Annalist Johannes Müllner hat mit seinem Annalenwerk die Nürnberger Geschichtsdarstellung mehr beeinflußt als irgend ein anderer vor oder nach ihm. Denn weil er der erste war, der seine Geschichtserzählung auf die historischen Quellen und insbesondere auch auf urkundliche Grundlage stellte und die Sonde der Kritik schon mit Erfolg anlegte, so kam er zu einer viel zuverlässigeren und vollkommeneren Darstellung als seine sämtlichen Vorgänger und auch die meisten seiner Nachfolger. Seine Darstellung wurde in ihren Hauptteilen und Ergebnissen von den Neueren vielfach ohne viel Bedenken übernommen und man sah sich so der Mühe überhoben, selbst aus den Quellen schöpfen zu müssen.

Müllner war der erste, der mit hergebrachten Fabeln und Erdichtungen zum Teil aufräumte. Das wurde bereits gegen Ende des 18. Jahrhunderts von einem der schon mehr mit Verständnis arbeitenden Historiker aus dem Nürnberg-Altdorfer Kreise anerkannt[181]), der für Müllner als zuverlässigen Historiker ganz besonders eintritt. So merke er es „fleißig zum voraus an“, wenn er aus Meisterlin und den Nürnberger Chroniken schöpfe, und benutze sie nicht ohne Kritik. Er unterscheide zweifelhafte Fakta genau von denen, die ihm gewiß erschienen. Bei den ersteren sage er: Es soll, z. B. bei dem, was die Chroniken von dem Aufenthalt des Königs Otto I. in Nürnberg fabulierten. Und auch da, wo er keine Kritik übe, könne man schon aus dem Tone der Erzählung schließen, daß er manche Nachricht für ungewiß halte.

Schon die Erzählungen von der ersten Ankunft Nürnbergs erkläre er für Konjekturen und Vermutungen, für das, was sie seien.

So erkläre er die von Trithemius erdichteten Genealogien der fränkischen Könige für ein Märchen.

Seinen Zweifeln an den Aufstellungen mancher Schriftsteller gebe er durch einen bloßen Zusatz Ausdruck, z. B. wenn er sage: Hilpoltstein ist damals, wie alte Briefe bezeugen sollen, Adalgersburg genannt worden.

Daß bei der Martinskapelle, deren Erbauung ohne Wahrscheinlichkeit Karl dem Großen zugeschrieben werde, zu dessen Zeiten schon Zellen für Schottenmönche bestanden hätten, leugne er deshalb, weil es damals noch keine Schotten in Deutschland gegeben habe.

Das Verzeichnis der adeligen Geschlechter, welche zur Zeit Konrads I. in Nürnberg gewohnt hätten, halte er aus vielen Ursachen für verdächtig und bemerke, von etlichen könne erwiesen werden, daß sie erst lange Zeit später nach Nürnberg gekommen seien.

Auch aus der eigentlichen historischen Zeit der Nürnberger Geschichte bringt der Verfasser des Artikels eine Reihe von Beispielen, die er übrigens noch beträchtlich hätte vermehren können, woraus hervorgeht, daß er mit großer Sachkenntnis und gesunder Kritik den alten Irrtümern zu Leibe ging.

Hier, wo er den festen historischen Boden unter den Füßen hatte, ist er zu neuen, sicheren Ergebnissen gelangt. Bezüglich der vorgeschichtlichen Nürnberger Zeit muß aber trotz des großen Lobes, das ihm der eben erwähnte Nürnberger Historiker zollt, daran festgehalten werden, daß er, wenn er auch hie und da Falsches und Ungereimtes berichtigte, sich doch im großen ganzen nicht von den Fesseln befreien konnte, in die auch ihn die hergebrachte Geschichtsauffassung geschlagen hatte.

Da finden wir denn, wie wenig Müllner im Grunde den alten Geschichtslügen entgegengetreten ist, und wenn es der Fall ist, mit welcher Unentschiedenheit und Unsicherheit er dann vorgeht.

Von besonderem Interesse ist die Stellung, die er zu Sigmund Meisterlin, dem Vater der Nürnberger Geschichtslügen, einnimmt, und sein Urteil über ihn. In dem Schlußwort zu seinen Annalen führt er aus, daß Meisterlin im Auftrag der Losunger Ruprecht Haller und Niklaus Groß die Archive und Bibliotheken der benachbarten Stifte, besonders aber der in Bayern gelegenen Klöster mit Fleiß durchgesehen und was er da gefunden oder bei der Stadt Nürnberg selbst erkundet, zusammengetragen und in einem kleinen Traktätlein in lateinischer Sprache beschrieben, das, in drei Büchern abgeteilt, ausführe, wie die Stadt Nürnberg keine neue Stadt, sondern vor alten Zeiten in guten Würden und Wesen hergekommen sei. Müllner meint, daß Meisterlin von den Geschichtschreibern und den alten Klosterchroniken nur den geringeren Teil gelesen, da er „sonsten sein historisches Traktätlein ohne Zweifel etwas locupletius und ausführlicher" gemacht haben würde. Die deutsche Bearbeitung aber, die er irriger Weise dem Kirchenmeister Sebald Schreyer an der Sebaldkirche und dessen Schwager Friedrich Kammermeister zuschreibt, findet er etwas „übel und unverständlich" abgefaßt.

Da die deutsche Bearbeitung Meisterlins mit der lateinischen fast durchaus übereinstimmt, so kann der Tadel, den hier Müllner ausspricht, sich nicht auf den Inhalt, sondern nur auf die Form beziehen. Inhaltlich hat er an Meisterlins Geschichtsdarstellung, soweit man sehen kann, auch nicht das Geringste auszusetzen. Zwar spricht er einmal gerade mit Bezug auf Meisterlin von den Konjekturen und Vermutungen der ersten Ankunft der Stadt Nürnberg, während er weitere Konjekturen noch in Aussicht stellt, aber daraus darf nicht etwa gefolgert werden, daß er mit jenen Konjekturen und Vermutungen ganz und gar nicht einverstanden sei. Allerdings gibt er wiederholt seinem Zweifel an der Richtigkeit der vor ihm aufgestellten Annahmen Ausdruck. So ist er der Meinung, daß Nürnberg ebenso wie Nördlingen nicht, wie Augsburg und Regensburg, die als Augusta Drusi und Tiberii auf diese beiden Neronen zurückzuführen, von Tiberius Nero, sondern von den Norikern seinen Namen empfangen habe. Im übrigen hält er es wohl für möglich, daß Drusus Nero, als er mit den Deutschen zwischen Rhein und Saale kriegte, und auch andere römische Feldherrn in die Gegend von Nürnberg gekommen seien.

Er gibt aber trotzdem die ganze Gründungsgeschichte Nürnbergs nach Meisterlin wieder und, merkwürdig genug, er erweitert sie, schmückt sie in den Einzelheiten aus und sucht sie mundgerechter zu machen. Insoweit ist auch Müllner für die vorgeschichtliche Zeit von der Neigung zur Legendenbildung nicht freizusprechen. Er fühlte wohl auch das Bedürfnis, den Ursprung der Stadt, der ihm nicht alt genug erschien, in eine frühere Zeit zurückzuversetzen, und konnte sich noch nicht zu der historischen Tat aufraffen, seinen Zweifeln den entschiedenen Ausdruck zu geben, wie es sich für einen in der Darstellung der geschichtlichen Zeit so klar sehenden Historiker gebührt hätte. Gegenüber den Aufstellungen der älteren Geschichtschreiber fehlt ihm der historische Mut, die Kraft der eigenen Ueberzeugung.

Ganz auffallend tritt dieses unsichere Hin- und Herschwanken in seiner Erzählung von der Gründung der Burg hervor. Die Chroniken meldeten, daß die Römer nach der Erbauung des Fleckens Nürnberg „mittler Zeit durch Hilfe der Inwohner ein Schloß zu dem gedachten Turm gebauet und eine Besatzung samt Amtmann dahin gelegt, die Renten und Gefälle einzufangen, das Landvolk im Gehorsam zu erhalten und den Empörungen des Landes zu wehren.“ Es sei auch glaublich, daß dieser Ort von den Markomannen „und ihrem König Meerbod oder Meroboduo, so damals in Böheim eingedrungen und die Bojos daraus vertrieben, viel Anstöß erlitten“, da sonst die Inwohner sich nicht mit ihnen verbunden und zu ihrem Vorhaben Vorschub getan hätten, wie denn Aventinus lib. 2 schreibe, König Meerbod habe auf dem Nordgau regiert.

Und nun fährt Müllner fort: „Obwohl schwerlich zu glauben, daß jener Turm und andere römische Gebäude bis auf unsere Zeit gedauert, so sei doch gleichwohl sonst die Stärke und Dauerhaftigkeit der römischen Bauten bekannt, deren noch viele hin und wieder in Deutschland vor Augen.“ „Und ist derwegen der Turm, so noch heutiges Tags am kaiserlichen Schloß zu Nürnberg und an St. Margaretakapell stehet, entweder das alte römische oder je sonst ein uraltes Gebäu, dessen etliche alte Gesims und abgöttische Bilder daran Zeugnis geben; wie denn Otto Frisingensis*) und Aventinus schreiben, daß des teutschen Hercules Bildnus an diesem Turm gesehen werde, wiewohl derselben Possen**) etliche anno 1520, als man den Turm etwas abgetragen und allerlei Gefahr halben niedriger gemacht und das Schloß verneuert, herabgetan worden, welches billig ihres Alters halben nicht sollte geschehen sein.“

Widersprüche, wie sie hier hervortreten, hätte auch

*) Hier irrt Müllner, denn von diesen Bildern ist bei Otto von Freising nirgends die Rede.

**) Bossenquader.

der Nürnberger Ratschreiber Müllner vermeiden sollen. Aber in seinem Bestreben, die bestehende Meinung zu retten, geht er soweit, daß er die eigenen Ergebnisse nicht mit Entschiedenheit festzuhalten wagt und die schon gefaßte Ansicht zugunsten der älteren allem Anschein nach wieder aufgibt.

Seine ursprünglichen Zweifel an der römischen Herkunft Nürnbergs läßt er im weiteren Verlauf seiner Darstellung gänzlich wieder fallen. Wenn die Römer, schreibt er, ein Land in ihre Gewalt gebracht und zu einer Provinz gemacht hatten, wie die Länder am Rhein und an der Donau, so hätten sie einen Landhauptmann dahin verordnet, welcher seinen Legaten oder Leutnant und andere Beamte unter sich gehabt, durch welche sie die ganze Provinz in Gehorsam gehalten und vor Ueberfällen der benachbarten Völker geschützt hätten. So wäre Lucius Piso der erste Landhauptmann nach den Neronen Drusus und Tiberius gewesen, dem die Regierung der Provinz am Donaustrom anbefohlen worden wäre. Unter der Regierung des Kaisers Tiberius hätte dieser Landhauptmann in der Provinz, weil sie ziemlich weit von der Donau sich ins Land erstreckt und der Nordgau später lange Zeit zu Bayern gehört, „ohne Zweifel auch auf dem Turm oder Schloß Nürnberg seinen Unteramtmann und Guardi gehabt, zumal von Nürnberg nicht über zwölf Meilen bis an die Donau sei und viele Antiquitäten, die bei Neuburg, Lauingen und Dillingen, ebenso zu Regensburg zu sehen, noch heutigen Tages bezeugten, daß an diesen Orten römische Lager und Besatzungen bestanden hätten, um die Pässe über die Donau zu verwahren. Wenn er hier auch Aventins Meinung wiedergibt, so hat er sie doch ganz zu seiner eigenen gemacht und gibt auch nicht dem gelindesten Zweifel an ihrer Richtigkeit Ausdruck.

Eine Eigentümlichkeit Müllners, begründet in dem an sich löblichen Bestreben, die Stadtgeschichte in Zusammenhang mit der Zeit und der deutschen Geschichte zu behandeln, verführt ihn zu dem Verfahren, auch in der vorgeschichtlichen Zeit alle Ereignisse, die sich im weiteren Gebiete um Nürnberg zugetragen haben oder auch nur haben zutragen können, auf dasselbe zu beziehen, alles entsprechend auszuführen und auszuschmücken und was er bei Meisterlin oder andern gefunden, zu zergliedern und auf verschiedene Zeiten je nach Bedürfnis zu verteilen.

So erzählt er von den Kämpfen zwischen „Marbod und

den Semnonen und andern schwäbischen Völkern“ und meint, daraus sei „dann abermals leichtlich abzunehmen, daß der Flecken Nürnberg abermals bei dieser Widerwärtigkeit viel habe ausstehen müssen und vielleicht auch den besten Schutz von den Römern gehabt“ habe. Wenn aber hier infolge der römischen Besatzung Sicherheit geherrscht habe, so könne es auch wohl sein, „daß mehr Leut sich herbeigefunden und dieser Flecken desto mehr zugenommen“ habe.

In den Kämpfen zwischen dem Hermandurenkönig Vivilus und dem der Schwaben, Vannises, i. J. 45 werde es „für den Flecken Nürnberg schwerlich ohne Schaden abgegangen sein.“

Wenn sich dann wieder die Deutschen von dem Römerjoch befreit, was bei der Habsucht der Römer nicht verwunderlich erscheinen könnte, so sei doch der Flecken Nürnberg in solch trübseligen Zeiten jederzeit bei dem römischen Reich verblieben, habe auch immerdar zugenommen, weil nicht allein viel Leute aus Franken, sondern auch viele Juden aus Regensburg sich dahin begeben hätten. Das Volk habe angefangen, Hammerwerke und Schmelzhütten am Wasser zu erbauen, wozu ihm die Eisenbergwerke, die noch in den benachbarten Orten anzutreffen, wohl gedient. Es sei auch das Bauernvolk guter Sitten und etwas zahmer geworden, so daß man einesteils die Einwohner dieses Fleckens für adelmäßig gehalten, womit auch die Benachbarten auf dem Nordgau Freundschaft und Bündnisse geschlossen, diesen Fleken mit gemeiner Hilfe und Zutun zu beschirmen. Weil aber noch kein ordentlich Regiment mit Gesetzen und Ordnungen verfaßt, auch die römischen Amtleute nicht stets gegenwärtig gewesen, deren der gemeine Pöbel auch wenig geachtet, so habe sich das Volk auf Räuberei verlegt und sei dem ganzen Land beschwerlich geworden. Man habe sich auf das Schloß verlassen, worin man einen Abgott gehabt, Diana oder Vesta genannt.

Man sieht hier besonders deutlich, wie sich die Erzählungen Meisterlins, Celtis', Pighius' mit Müllners Zutaten zu einer ganz neuen Darstellung verquicken.

Daß bei dem Einfall der Hunnen Nürnberg wieder große Einbuße erlitten, ist nach Müllner wohl zu glauben, wie denn auch die Chroniken meldeten, daß der Ort von seinen Einwohnern, die in die Wildnis geflohen, verlassen und allein das Schloß verwahrt und erhalten worden sei. Es könnte auch wohl sein, daß viele Bürger und alte Nürnberger Familien, die in diesem Ort emporgekommen, wieder in Abnahme geraten oder zum Teil ganz ausgetilgt worden seien oder sich an andere Orte begeben hätten. Hier beruft sich Müllner ganz ausdrücklich auf Meisterlin I, 6, wo zwar ganz im allgemeinen von den Zügen der Germanen und Hunnen, von Nürnberg aber auch mit keinem Worte die Rede ist.

Es sei aber kein Zweifel, fährt Müllner fort, daß, nachdem dieses Ungewitter, das gleichwohl viele Jahre gedauert, sich verzogen, ein Teil der Einwohner, zu denen sich vielleicht noch andere gesellet, sich wieder eingefunden hätten, weil das Schloß, das einen sicheren Aufenthalt gewährt, erhalten geblieben sei.

Durch den Einbruch Attilas seien die Deutschen zur Verwahrung ihrer Dörfer und Flecken mit Gräben und Mauern und zur Erbauung von Burgen auf den Bergen bewogen worden. Es müsse daher vermutet werden, daß die Einwohner Nürnbergs damals nicht allein das Schloß, wo sie die Diana oder Vesta verehrt, sondern auch den Flecken selbst besser verwahrt hätten, was denn abermals den Anlaß zu neuem Zuzug gegeben hätte. Das sei auch daraus zu schließen, daß Aventin im dritten Buche schreibe, Nürnberg sei zur Zeit des Schwabenkönigs Alarich das caput Nariscorum, d. i. die Hauptstadt im Nordgau gewesen. Ja es schrieben Konrad Celtis, Pirckheimer [182]), Münster [183]) und Stephan Pighius [184]), welcher es von einem vornehmen, verständigen und erfahrenen Ratsherrn zu Nürnberg, Christoph Fürer, gehört habe, und noch andere, Nürnberg sei zu dieser Zeit wegen des Streifens und Verheerens der Hunnen erbaut worden, weil man sich hier sicher hätte aufhalten können und die Gelegenheit des Pegnitzflusses gehabt hätte. Daher hätten die Landleute in aller Eile ein Schloß zu ihrer Sicherheit in schlechter Bauart aus Backsteinen*), da den Deutschen das Bauen mit Sand- und Quadersteinen noch nicht bekannt gewesen, wie man bei glaubwürdigen Schriftstellern finde, errichtet, am Wasserfluß aber Hammerwerke und Schmelzhütten erbaut. Es folgt dann die weitere Schilderung von der Zunahme Nürnbergs, den Raubzügen seiner Bewohner und seiner Bezwingung durch die deutschen Kaiser, wie wir sie schon aus Konrad Celtis kennen, ohne daß sich Müllner übrigens genau an seine Vorlage bindet. Er fügt wohl auch neue Züge

*) Findet sich schon bei Meisterlin.

hinzu. So findet sich bei Celtis, auf den er sich doch beruft, nichts über die Verwendung der Burg als Jagdhaus durch die deutschen Kaiser. Ganz vergebens aber wird man auch in Chyrtaeus' Sächsischer Chronik[184]), die er gleichfalls als Quelle anführt, nach all den Einzelheiten suchen, die Müllner hier vorbringt. Chyrtaeus beschränkt sich auf die Angabe, daß Nürnberg vom Noricum, vom Nordgau oder dem Lager des Tiberius benannt worden sei und erst unter den deutschen, besonders aber unter den sächsischen Kreisen „an Gewalt und Reichtum zu blühen und zuzunehmen“ angefangen habe.

Weiterhin wird Nürnberg durch die Franken, Alemannen und die Sueven bedrängt, in den Jahren 567 und 571 wieder durch die Hunnen, wenn auch in den Chroniken nicht die Rede davon sei, 768 bei Gelegenheit des Heerzugs Karls des Großen gegen die Sachsen. Erst nach dem Aufhören der Völkerbewegungen und mit dem Eintritt der deutschen Völker in feste Sitze kommt endlich Nürnberg zur Ruhe. Es kann daher auch kein Zweifel darüber sein, daß der Flecken, der dem ostfränkischen Herzogtum nahe gelegen sei, sich gebessert und nach den vielfältig erlittenen Anstößen wiederum etwas erholt habe, wofern es anders nicht durch den Zug, den Karls des Großen Sohn Karl 805 gegen die Slaven oder Böhmen unternommen, wieder etwas habe ausstehen müssen.

Zum Jahre 840 weiß Müllner zu berichten, daß Nürnberg an König Ludwig den Bayern gekommen sei, wenn auch in den Chroniken davon keine Meldung geschehe.

Ebenso werde in den Berichten über König Arnulf, der sich doch viel in der Gegend aufgehalten habe, Nürnberg nicht erwähnt, „und ist doch vermutlich, wenn er von Regensburg gen Forchheim oder sonst in Franken verreiset, daß er bei diesem Flecken müsse vorübergekommen sein“.

Bei den vielfachen Reichsversammlungen, die zu Beginn des 10. Jahrhunderts zu Forchheim abgehalten worden, sei Nürnberg ohne Zweifel von den zu- und abreisenden Fürsten oftmals besucht und etwas mehr bekannt geworden. „Vielleicht auch wegen der Räubereien und Plackereien, deren sich die Inwohner zu diesen Zeiten sehr beflissen haben sollen und ohne Zweifel den Hin- und Wiederreisenden sehr beschwerlich gewest. Daher melden die Nürnberger Chroniken, als der Flecken Nürnberg in den verschienenen Zeiten sehr zugenommen, habe das gemeine Volk sich auf Räuberei gelegt und in solchem den dicken Wald, mit dem dieser Flecken allenthalben umgeben, zum Vorteil gebraucht, dardurch aber im ganzen Land einen bösen Namen bekommen." Hier wieder sehr deutlich die Einwirkung von Meisterlin!

Unter Bezugnahme auf Hartmann Schedels deutsche Weltchronik [186]) berichtet er zum Jahre 903, daß Nürnberg unter der Regierung König Ludwigs des Kindes dem Grafen Albrecht von Bamberg gehört habe. „Wes gestalt aber", fährt er fort, „sie ihm unterworfen gewest und was er für Gerechtigkeiten zu Nürnberg gehabt, ob ihme der Flecken und Schloß allein als einem Schutzherrn oder eigentümlich befohlen oder zugehörig gewest, davon ist in glaubhaften Historien keine Nachrichtung zu finden. Deme sei aber, wie ihme wolle, so findet man, daß bald nach seinem Tod, als Land und Leute dem Reich heimgefallen und confiscirt worden, die Reichsvogtei und vielleicht auch das Burggraftum allhier zu Nürnberg angerichtet worden."

Zum Einfall der Ungarn im Jahre 907 bemerkt er: „Obwohl nun kein Zweifel, daß der Flecken Nürnberg und dessen Einwohner auch hätten etwas leiden und ausstehen müssen und dieses Ungewitter ihn und die Benachbarten auch werde getroffen haben, wie denn in dieser Nachbarschaft in der Pfalz — Oberpfalz — sowie in den Aemtern, die der Stadt Nürnberg zugehörig, dergleichen Löcher und Berghöhlen gefunden" würden, welche den augenscheinlichen Beweis lieferten, daß vor Zeiten Menschen darin gewohnt, so sei trotzdem, weil der Flecken Nürnberg bald nachher mit Mauern eingefangen worden sei, glaublich, daß er dadurch umsomehr zugenommen und abermals viele Leute aus der Nachbarschaft der Sicherheit wegen sich dahin begeben hätten. Denn es meldeten die Historien, daß die Leute durch der Ungarn Streifen, Rauben und Brennen verursacht worden seien, ihre Flecken, Städte und Schlösser zu ummauern und zu umgraben, auch weitere Städte zu bauen, sich darin vor diesen wilden Leuten aufzuhalten, weil sie gesehen, daß die Ungarn die festen verwahrten Orte nicht angegriffen, sondern vorübergezogen seien.

Von König Konrad I. berichteten, wie Müllner zum Jahre 911 bemerkt, die Nürnberger Chroniken, wie auch zum Teil Hartmann Schedel, Konrad Celtis und Münster in seiner Kosmographie. Nachdem der Flecken Nürnberg nach Abgang des Grafen Albrecht von Bamberg dem Reich heimgefallen, dessen Einwohner zweifelsohne dem Grafen bei seinen Einfällen und feindlichen Handlungen Hilfe geleistet und dadurch der Räuberei, deren sie sich ohne das beflissen, desto mehr gewöhnet, habe Kaiser Konrad sich dieses Fleckens, der damals mit einem schlechten Graben und Zaun umgeben gewesen, bemächtigt, einen großen Teil des Waldes um den Bach abhauen, von der Räuberei und den schädlichen Leuten reinigen, den Flecken aber mit Mauern einfangen und ein rechtes Schloß und kaiserliche Feste auf dem Berg bauen lassen, weil das alte Gebäu die lange Zeit her vielleicht baufällig geworden. Solches Schloß samt der umliegenden Landschaft habe er etlichen Wohlverdienten vom Adel, die Stadt aber alten verständigen Männern ehrlichen Herkommens zu regieren und die Wälder von der Räuberei sauber zu halten befohlen, welche zu solchem Ende etliche Söldner angenommen und unterhalten, die täglich die Wälder und Straßen durchstreifen und, wenn sie schädliche Leute angetroffen, sie in die Stadt führen sollten. Wie denn bei der Stadt Nürnberg noch heutigen Tages gebräuchlich, der auch solches alte Herkommen von den römischen Kaisern konfirmiert und in vim commissionis perpetuae aufgetragen und befohlen worden.

Wenn Müllner sich für seine Darstellung hier auf Hartmann Schedel, Konrad Celtis und Sebastian Münster beruft, so ist darauf zu sagen, daß Schedel und Celtis gar nichts über König Konrad und sein Verhältnis zu Nürnberg bringen und daß von dem wenigen, was Münster über ihn erzählt, sich aber auch gar nichts auf Nürnberg bezieht, wie man doch aus der ganzen Quellenzusammenstellung schließen sollte. Welch weitere Chroniken aber Müllner — er beruft sich darauf — außer Meisterlin, der Nürnberger Weltchronik von Georg Truchseß und deren Auszug, wie er in dem Sammelbande des Hartmann Schedel vorliegt, benutzt haben könnte, das entzieht sich aller und jeglicher Beurteilung.

Nach diesem haben die Handwerke des Eisenschmelzens und die Gewerbe mit Kaufen und Verkaufen in Nürnberg sehr zugenommen, sind stattlicher getrieben und der Räuberei gewehrt worden. Hier gibt Müllner wieder Celtis als Gewährsmann an, ohne zu bedenken, daß letzterer eine viel frühere Zeit im Auge hat.

Durch jene Maßnahmen aber seien viel adelige tapfere Geschlechter der Stadt zugeführt worden, wodurch sie nachher jederzeit in guter Polizei und Ordnung gehalten worden. Besonders aber hätte der Ungarn Streifen und Ueberfallen bewirkt, daß fast männiglich in sicheren und verwahrten Orten Unterkunft gesucht.

Nürnberg aber kommt unter König Konrad I. zum Reich, wird Reichsstadt und soll als Wappen das Schwabenfeld angenommen haben, nämlich drei weiße Flüsse oder Ströme, quer im roten Feld, „dieweil die nürnbergische Landschaft, welche in alten brieflichen Urkunden bisweilen der nürnbergische Kreis genannt wird, mit zwei Wasserflüssen, der Schwarzach und Schwabach, umgeben und gleichsam beschlossen ist und die Pegnitz als der dritte Fluß mitten dardurch fleußt; also daß diese drei Flüsse sich sämtlich in die Rednitz ausgießen“. Auch die Burggrafen haben sich dieser rot und weißen Tinktur am Rand ihres Schildes bedient. Wenn sich Müllner hier wieder auf Meisterlin beruft (Lat. Chronik I, 4), so muß doch bemerkt werden, daß das Schwabenfeld, bei Meisterlin hier*) Schwanfeld genannt, mit nur einigen wenigen Worten abgetan wird.

Wenn aber einige meinten, Nürnberg habe unter Graf Albrecht von Bamberg drei weiße Wolfsangeln im schwarzen Felde geführt, so könne dafür auch nicht der geringste Grund angegeben werden. Diese irrige Annahme sei denn auch ohne Zweifel vor nicht gar langer Zeit aus schlechten Vermutungen hervorgeflossen.

Bei der Schilderung der weiteren Einfälle der Ungarn zum Jahre 913 bemerkt er: „und ist wohl zu glauben, daß die neue Stadt Nürenberg dieser Unruhe, Streifens und Plünderns auch werde empfunden haben“.

Ueber das Alter der Stadt läßt er sich in seinen Annalen zum Jahre 920 näher aus. Obwohl die Stadt Nürnberg, meint er, sich keines so großen Alters zu berühmen hätte wie Trier, Zürich, Worms, Mainz, Regensburg und andere dergleichen alte Städte, so könne sie andererseits, da sie von Kaiser Konrad, wie berichtet, mit Mauern umgeben und zum Reich gebracht worden, auch nicht, wie etliche annähmen, in Anbetracht anderer deutschen Städte Herkommens für eine gar neue Stadt gehalten werden,

*) Etwas mehr gibt die deutsche Bearbeitung, aber doch auch nur wenig I, 2: „und wiß, das Schwabfelt ist zwischen zweien flüssen, Schwabach genant baid [der südliche Grenzfluß ist übrigens die Schwarzach], und ist vor Zeiten als hoch gehalten, daß es gehabt hat ein aigne division in einem schilt, zwerchsparren, rot und weiß also“ [Abbildung]. Alles Erfindung von Meisterlin!

sondern hätte ohne Zweifel die Freiheit einer Reichsstadt früher oder doch zugleich mit und neben den ältesten Städten Deutschlands erlangt und bis auf seine Zeit löblich und mit großem Aufnehmen erhalten, also daß sie heutigen Tages, man betrachte gleich die Anstellung des Regiments und die guten Ordnungen, die Größe der Bürgerschaft, ihre Gewerbe, Hantierung, ihre Emsigkeit und Geschicklichkeit, Reichtum und Vermögen, ferner die ansehnlichen Bauten und was dergleichen mehr, womit man eine Stadt zu rühmen pflegt, keiner Stadt im Reiche etwas nachgebe. Deshalb sei sie nicht allein in der Zahl der 12 vordersten deputierten Reichsstädte, sondern auch in dem engen Ausschuß der vier Städte nun schon lange Zeit gewesen, denen befohlen und zugelassen, in vorfallenden Nöten die anderen Städte zusammen zu beschreiben, welche deswegen die ausschreibenden Städte genannt werden. „Ja sie ist", schließt er, „zu Zeiten Aeneae Sylvii und Irenici allbereit in solchem Ansehen gewest, daß sie von ihnen für die vornehmste Reichsstadt gerühmet wird". Hier hätte Müllner Gelegenheit gehabt, sich über Nürnbergs Alter bestimmter zu äußern. Aber was er sagt, ist äußerst unsicher und verschwommen. Die Stadt ist zwar nicht so alt wie Trier, Zürich, Worms etc., aber sie gehört doch wieder zu den älteren Städten und den ältesten Reichsstädten Deutschlands. Ihr hohes Alter schließt er besonders aus dem Umstande, daß sie schon von König Konrad mit Mauern umgeben worden sei. Fast möchte es hier scheinen, daß er der Ansicht huldige, sie sei keine Römerstadt, wie jene älteren Städte, die er anführt, sondern, wie er früher angedeutet, von den vor den Hunnen fliehenden Norikern gegründet worden, wenn er es auch nicht wagt, dieser Meinung einen ganz bestimmten Ausdruck zu geben. Aber andererseits will er doch auch schon etwas an ihrem Orte vor der Gründung durch die Hunnen annehmen und in seiner früheren Darstellung kann er sich doch von Meisterlins Annahme des römischen Ursprungs der Stadt durchaus nicht emanzipieren.

Es ist auffallend, daß er einen Hauptgrund für das Aufblühen der Stadt zu den verschiedensten Zeiten in der Einführung der Eisenindustrie in Nürnberg, der Anlegung von Eisen- und Hammerwerken, die Celtis den Norikern zuschreibt, erblickt. Die Einfälle der Ungarn in Deutschland unter König Heinrich I. zwingen das Landvolk in Festen und verwahrten Orten Sicherheit zu suchen oder neue Festungen zu bauen. Jede Nation hat all ihr Vermögen in gewissen und sicheren Orten untergebracht. Alle Nordgauer haben ihre Zuflucht bei Nürnberg gesucht, die Bayern bei Augsburg und Regensburg, die Elsässer bei Straßburg und Konstanz und andere Nationen an anderen Orten. Dadurch aber seien die Städte, die zuvor noch recht klein gewesen, nicht allein erweitert, sondern auch mit Leuten erfüllt worden und hätten an Macht und Reichtum sehr zugenommen.

„Zu Nürnberg hat das Eisenschmieden und die Hammerwerke noch mehr zugenommen, also daß man mehr Räder an dem Pegnitzfluß gerichtet und allerlei nützliche Werke bei denselben erfunden und zugerichtet, zumalen weil auch die Anzahl der Inwohner merklich gewachsen".

Der Schilderung des Fürstentags, den K. Otto 960 nach Meisterlin und den geschriebenen Nürnberger Chroniken abgehalten, und der feierlichen Christmette in der Kirche zu St. Egidien oder St. Sebald, an dem er mit der Königin im königlichen Ornat teilgenommen, steht er freilich skeptisch gegenüber. Aber er vermag doch andererseits den Glauben an die historische Wahrheit dieser Schilderung nicht ganz aufzugeben. Denn der Erzählung, die Stadt sei in drei Tagen so weit ausgebaut worden, daß sie die große Menge Fremder hätte beherbergen und speisen können, fügt er die Bemerkung bei: „Seind vielleicht schlechte Hütten und Ställ gewest, darinnen das gemeine Volk und die Pferd Unterschleif gehabt". Dann aber bemerkt er wieder z. J. 973, daß die Stadt Nürnberg unter den drei Ottonen ohne allen Zweifel sehr zugenommen, was daraus abzunehmen, daß sie Kaiser Otto dem I. und seinem ganzen Hoflager hätte Platz geben können, wozu keine schlechten, sondern stattliche, ansehnliche Gebäude gehörten, welche gewiß nicht erst in 2 oder 3 Tagen erbaut worden wären. Das hätte auch Anlaß gegeben, daß etliche ansehnliche Grafen, Freie und Edle, worunter, wie die nürnbergischen Chroniken meldeten, die Grafen zu Nassau gewesen, sich zu Nürnberg niedergelassen, von denen ein Teil lange allda verharrt, zum Teil noch da wohne, wie am entsprechenden Orte fernerer Bericht geschehen solle.

Wunderbar ist es, daß Müllner mit dem, was er eben in Zweifel gezogen, nun als mit sicheren historischen Tatsachen rechnet. Von den Beziehungen König Heinrichs II. weiß er auf Grund der Chroniken Aventins und Meisterlins mancherlei zu berichten. Dieser Kaiser Heinrich, bemerkt er z. J. 1001, ist ohne Zweifel oft zu Nürnberg gewesen, weil er viel und gern zu Abbach zwei Meilen oberhalb Regensburg gewohnt, da ihm der Ort, wo er geboren, vor andern angenehm gewesen. Wenn er nun von da nach Bamberg habe reisen wollen, was oft geschehen, habe ihn der gerade Weg nach Nürnberg führen müssen. Daher schreibe Sigmund Meisterlin lib. I, cap. 12, daß Kaiser Heinrich die Stadt Nürnberg vor andern geliebt, weil sie in der Mitte zwischen Bayern und dem Stift Bamberg gelegen sei. Daher berichteten die Nürnberger Chroniken und Sigmund Meisterlin lib. I, cap. 9 und 12, daß er durch seine Räte und Amtleute viel wichtige Reichssachen in der Zeit, da er selbst zu Bamberg seiner Andacht obgelegen, zu Nürnberg habe entscheiden lassen. Er habe auch die Stadt eine Zeitlang seinem Vetter, der nicht genannt werde, zum Schirm befohlen, das Schloß aber habe seinen eigenen Verwahrer und Amtmann gehabt, den man praefectum castri genannt, der des Reichs Gerechtigkeiten verwaltet und die der Reichskammer zustehenden Gefälle eingezogen. Ueber die Bürgerschaft aber habe er keine Gewalt gehabt. Die Burggrafen jedoch seien noch unbekannt oder doch in geringer Achtung gewesen, weil die Burggrafschaft damals nur ein Amt, so keine Präeminenz auf sich getragen, gewesen sei.

Daher hätten viel stattliche Leute, Grafen, Bannerherrn, Ritter und Edle zu Nürnberg gewohnt, seien durch dieses Kaisers Beförderung noch weitere zugezogen, welche große Höfe und Häuser besessen jenseits der Pegnitz außer des damaligen Begriffs und der Ringmauern der Stadt, die damals nicht weiter bis an die Pegnitz gereicht hätte.

Müllner folgt hier wieder fast ausschließlich Meisterlin [187]), nur die Bemerkungen über das Burggrafentum hat er aus anderen Nürnberger Chroniken geschöpft, und als besonderer Zusatz ist der Schluß anzusehen, daß König Heinrich bei seinen häufigen Reisen von Regensburg nach Bamberg Nürnberg habe berühren müssen.

Mit dem Jahre 1050 tritt Müllner in die eigentliche Nürnberger Geschichte ein. Er berichtet, allerdings nicht auf Grund der Annales Altahenses, sondern nach Aventin und Wigulejus Hundt von dem Fürstentag, den König Heinrich III. damals in Nürnberg abhielt, um den Krieg gegen die in die Ostmark eingefallenen Ungarn und die

Wiedererbauung der Heimburg als eine Vormauer gegen dieselben zu beschließen. „Aus welchem abermals abzunehmen“, bemerkt Müllner, „in was großem Aufnehmen die Stadt Nürnberg damals allbereit muß gewesen sein, da sie so viel Fürsten geistlichs und weltlichs Stands und einen so großen Adel von Grafen und Herren, die ohne Zweifel nicht mit einem geringen Komitat werden erschienen sein, beherbergen und logieren können“.

Es ist nur eine notwendige Konsequenz seines vorher eingenommenen Standpunktes, daß Müllner auch hier, auf der Schwelle der Nürnberger Geschichte, sich von der Tendenz, das Gegebene über Gebühr aufzubauschen und aus den vorhandenen Faktoren viel mehr herauszurechnen, als sie in Wirklichkeit zu bieten vermögen, nicht freimachen kann.

Auf den Historiker Müllner aber, wie er von nun an in seinen Annalen erscheint, näher einzugehen, liegt außerhalb der gestellten Aufgabe, wie es auch dieser Abhandlung fern liegen mußte, die seinem Werke eingefügten Exkurse auf ihren Wahrheitsgehalt hin näher zu prüfen. Es sollte nur gezeigt werden, wie sich auch Müllner für die Zeit, die der Geschichte Nürnbergs vorhergeht, nicht von dem Einfluß seiner Vorgänger zu befreien vermochte, wie er in ihren Spuren wandelte und ihre Bahnen zum Teil noch erweiterte.

2. Lochners Meinungen über Alter und Ursprung Nürnbergs.

Während Lochner in den „Nürnberger Jahrbüchern aus den bis jetzt bekannten ältesten Monumenten der deutschen Geschichte, aus den Annalen des Ratschreibers Johann Müllner und aus den noch weiter eröffneten Quellen des Nürnberger Archivs etc. Nürnberg 1833“, worin er die Annalen Müllners im Auszug und mit historischen Erläuterungen von 1050 bis 1313 veröffentlicht, alles, was Meisterlin und seine Nachfolger von dem Verhältnis der Stadt zu Karl d. Gr., den Karolingern und den ersten sächsischen Königen erzählen, als auf dem ganz unsicheren und unhaltbaren Grund der Sage und Tradition beruhend kennzeichnet, kommt er später doch immer wieder auf die Möglichkeit der Gründung der Stadt durch die Noriker zurück. So spricht er sich in dem 1845 erschienenen Werkchen: „Nürnbergs Vorzeit und Gegenwart“ S. 36 dahin aus, daß die Annahme, vertriebene Noriker, d. h. Leute aus den südlich von der Donau gelegenen Landschaften, welche vor den Hunnen (451) flohen, an dem Pegnitzufer sich niedergelassen und hauptsächlich Schmiedewerkstätten angelegt hätten, wozu das reichliche Holz des Reichswaldes eingeladen habe, etwas mehr Wahrscheinlichkeit für sich habe als die Annahme der römischen Entstehung. Weiter bemerkt er: „Daß sich in dieser Gegend Flüchtlinge angesiedelt haben können, wäre gar nicht unmöglich, aber es gibt außer dieser Vermutung auch gar keinen Beweis dafür ... Indessen“, fährt er weiter fort, „mögen ja recht wohl einzelne Gehöfte nach uralter germanischer Weise auch hier zerstreut gestanden haben, und Zeidlerei, Kohlenbrennerei, Landbau und Viehzucht mochten schon in sehr früher Zeit, als noch keine Geschichte sich um diese Gegenden kümmerte, teils unmittelbare Nahrung der Bewohner, teils einigen Stoff zu Handel und Verkehr dargeboten haben.

Es mag sich endlich auch die Jagdlust der fränkischen Könige in diesen damals noch weiter ausgedehnten Wäldern ergangen haben, und wenn es zwar auch nicht erwiesen ist, daß Karl d. Gr. hier gejagt und seine Anwesenheit zum Bau der alten Kapelle in Altenfurt Veranlassung gegeben habe, so ist es doch keineswegs unwahrscheinlich. Ebenfalls möglich ist es, daß das Bedürfnis der Gottesverehrung die Doppelkapellen auf der Burg, vielleicht auch die alte Euchariuskapelle hervorrief, die entweder auf den Ausgang der deutschen Karolinger oder auf die nächste Zeit nach ihnen, den fränkischen Konrad, hinweisen, während der sogen. fünfeckige Turm, unstreitig das älteste aller Nürnberger Baudenkmale, einer noch früheren Periode angehören mag". Das sind einesteils historische Möglichkeiten von der größten Unwahrscheinlichkeit, die von ernsten Historikern nicht in Rechnung gezogen werden können, anderenteils historische Unmöglichkeiten, die als solche schon durch die ganze Bauweise der Monumente gekennzeichnet werden! Am eingehendsten aber spricht sich Lochner in dieser Frage in seiner geschriebenen „Geschichte der Reichsstadt Nürnberg" (Manuskr. im städt. Archiv) Bd. I, S. 3ff. aus. Die Ausführungen sind für den Standpunkt Lochners höchst interessant und bemerkenswert, und es wird manchem erwünscht erscheinen, die Auffassung dieses verdienstvollen Nürnberger Lokalhistorikers kennen zu lernen.

„Wie sich die Sage" bemerkt er, „des Lautes Nero bedient hat, um eine Erklärung des Namens und eine Möglichkeit des Ursprungs daraus herzuleiten, so hat sie es auch mit dem Worte Noricum oder Noriker versucht. Wie der älteste Turm aus der Römer Zeit stammen soll, so wurde die eigentliche Ansiedlung der Stadt, die erste Gewerbstätigkeit der Einwohner auf die Noriker zurückgeführt. In den Stürmen der Völkerwanderung seien diese aus ihren alten Wohnsitzen, dem Lande Steyermark, wo die Behandlung des Eisens vorzüglich geübt werde, auch in die Gegend an der Pegnitz geflohen, haben sich hier niedergelassen und Schmiedewerkstätten angelegt. Während man gegen die römische Hypothese mit vollem Recht einwenden konnte, daß sie mit aller sonst festgestellten Kunde über römische Ansiedlung im Widerspruch sei, muß man billigerweise die Möglichkeit zugeben, daß die Stürme der Völkerwanderung und der Zug der Hunnen recht wohl diese Gegend berührt haben kann und einzelne Haufen, die entweder vor ihnen flohen oder in ihrem Gefolge sich befanden und zurückblieben, hier sich niederließen. Man will einen nahe bei Hersbruck auf einer Waldanhöhe noch jetzt sichtbaren Steinwall, im Munde des Volkes Houbirg (mundartlich statt hohe Burg) genannt, als eine von den Leuten der Umgegend, um dort ihre Herden und sich selbst vor dem räuberischen Volk zu schützen, angelegte Verschanzung betrachten und auf diese Veranlassung zurückführen. Auch tritt in Nürnberg das Handwerk der Schmiede in seinen verschiedenen Gestalten, besonders in den Rotschmieden, so gar eigentümlich hervor, obwohl diese nicht mit Eisen, sondern mit dem bereits künstlich gefertigten Messing zu tun haben. Dann ist auch gewiß das Schmiedehandwerk, wofür noch jetzt der Name der Obern Schmiedgasse, auch der erst im 16. Jahrhundert abgekommene der Drahtschmiedgasse Zeugnis gibt, in der älteren Zeit gerade in den Gegenden zunächst am Fuße der Burg, von wo es längst gewichen ist, betrieben worden. Die Wahrscheinlichkeit dieser Hypothese stützt sich also allerdings auf mehr Anhaltspunkte als die römische. Allein man bedachte doch wiederum nicht, daß die ganze Umgegend darin wesentlich von Steyermark abweicht, daß hier überhaupt kein Bergbau, nicht einmal auf Eisen, allenfalls nur in den zum Pegnitzgebiet über Hersbruck gelegenen Höhenzügen, in welcher Gegend sich auch Hammerwerke ziemlich lange erhalten haben, jetzt aber größtenteils eingegangen oder für andern industriellen Betrieb umgestaltet oder auch sogar spurlos verschwunden sind, betrieben wird und Eisen erst aus den Gruben der Oberpfalz, des Fichtelgebirges oder Böhmens hieher geführt werden konnte, daß ferner das Dasein von Schmiedewerkstätten eine bei jeder Ansiedlung vorkommende Erscheinung ist, weil dieses Handwerk für die Anfertigung von Waffen und Geräten aller Art unumgänglich notwendig ist, und daß endlich eine geschichtliche Tatsache, welche einen Zug der Hunnen hieher geführt habe, ebenfalls durchaus mangelt. Es ist also auch hier wieder nichts als der Laut und eine entfernte Aehnlichkeit des Namens gewesen, welche diese Vermutung veranlaßt hat. Doch muß man zugeben, daß jedenfalls die Möglichkeit größer ist und daß, wenn auch die lateinische Bildung Norimberga oder Noriberga zuerst den Anlaß gegeben hat, es sich doch keineswegs als unmöglich ansehen läßt, daß die Völkerwanderung der Hunnen diese Gegend berührt habe, obwohl eine Abstammung aus dem alten Noricum, wozu vielleicht die österreichischen Lehen der Burggrafen einen Fingerzeig gaben, ebenfalls eine aus durch nichts gestützte Hypothese ist.

„Warum sollte überhaupt das Pegnitztal nicht seine eigenen Bewohner gehabt haben? Ringsher um Nürnberg sind erweislich ältere Ansiedlungen, aus denen Städte wie Weißenburg, Windsheim, Ansbach, Hersbruck, Dörfer wie Ottensoos, Sendelbach, Mögeldorf u. a. hervorgegangen sind, jedenfalls schon früher vorhanden. Wenn auch die nächste Landschaft wegen des Sandes und Moorgrundes erst durch nachhaltigen Fleiß fruchtbar gemacht werden konnte, so war doch in nicht großer Entfernung sowohl am Flusse selbst, als auch in etwas weiterem Abstand von demselben für menschliche Tätigkeit am Wasser zunächst durch Mühlen Aufforderung zum Anbau gegeben. Die Nürnberger Landschaft mag daher nie ganz unangebaut gewesen sein, da selbst die Wälder durch den in uralter Zeit zurückgehenden Honigbau zur Bereitung des Mets unentbehrlich, weiterhin auch für das Wachs notwendig, teils durch die leicht zu machenden Kohlenmeiler Unterhalt, der aber mit Markt und Handel verbunden sein mußte, darboten. Dann brachte gewiß auch die Ausbreitung des Christentums, von dem durch Bonifazius, also im 8. Jahrhundert, bereits ein Strahl in die Nacht dieser Wälder gefallen sein kann, die auf ihren Höfen vereinzelt und zerstreut Lebenden zu einer Verbindung. Die Herrschaft der Franken, vor allem Karls des Großen umfassender Herrscherblick, der auch die Gegend zwischen Donau und Main ins Auge faßte, war für Nürnberg jedenfalls höchst bedeutend. Es fehlen zwar auch aus jener Zeit bestimmte Nachrichten, durch welche der Name der Stadt oder des Schlosses Nürnberg bestimmt hervorträte — denn eine in älterer Zeit fälschlich dafür gedeutete Stelle eines Kapitulars ist längst durch die richtige Lesart beseitigt —, aber daß Karl ein großer Freund der Jagd in den sich links und rechts der Pegnitz ausdehnenden und wenn auch hie und da von größeren und kleineren Gehöften, wie noch jetzt nicht wenige mitten in waldiger Umgebung liegen, unterbrochenen, jedenfalls damals noch nicht so gelichteten und mit Hochwild und niederm Wild, mit Sauen, Hirschen, Rehen, aber auch Wölfen und anderm Raubgetier, das erst allmählich vertilgt worden ist, reichlich versehenen Waldungen viel und gerne jagte, das wird man den Chronisten weit eher als ihre früheren Behauptungen glauben. Hiefür kann man auch zweierlei Momente, die fast Beweiskraft haben, anführen. Der von Karl zuerst entworfene Plan, Donau und Main mittels eines Kanals durch die Altmühl zu verbinden, ist eine allbekannte Tatsache, und es ist daher wohl glaublich, daß er auch in die von dem einen der verbindenden Nebenflüsse so nahe berührte Gegend gekommen sei und auf der Anhöhe, wo vielleicht damals schon eine Burg, ein Turm, ein befestigtes Haus stand, geherbergt habe. Dann wird aber auch in Altenfurt, einem solchen mitten im Walde gelegenen Gehöfte, etwa zwei kleine Stunden von Nürnberg auf der Regensburger Straße gelegen, eine alte Kapelle gezeigt, jetzt ihrer früheren kirchlichen Bestimmung entfremdet und für landwirtschaftliche Zwecke gebraucht, die urkundlich auf Karl den Großen hinweist und höchst wahrscheinlich infolge seines wiederholten Aufenthalts entstanden ist. Ob er auch die Burg veranlaßt hat oder bereits Anfänge dazu vorfand und erweiterte, muß bloß als Vermutung belassen werden. Ebenso war vielleicht schon nicht bloß auf der Feste eine Kapelle, über welche erst später sich eine andere emporhob, sondern auch in der Niederung unten im Tale, da wo sich die Gegend bereits gegen die vom Fluß oft überschwemmten Wiesen und Moorgründe neigte, eine Kapelle oder Kirchlein zu St. Peter, später dem eigentlichen Schutzpatron Nürnbergs, dem heiligen Sebald, Aufnahme und Ruhestätte gewährend".

Lochner geht dann zur Besprechung der Sage vom hl. Sebald über, worin er auch einiges Tatsächliche findet. „Jedenfalls steht seine Wesenheit und seine Wirksamkeit als etwas nicht zu Bezweifelndes fest, und wenn auch von der Burg herab die Beherrschung des Landes ausgegangen ist, so wird doch die Wirksamkeit St. Sebalds jederzeit als zweiter Faktor bei Nürnbergs Entstehen und Aufkeimen angesehen werden müssen".

Dem gegenüber ist doch festzuhalten, daß St. Sebald eine durchaus unfaßbare sagenhafte Gestalt ist und bleibt und daß irgendwelche historische Nachrichten über eine Tätigkeit und einen Einfluß, den er lebend auf das Emporkommen der Stadt ausgeübt hätte, nicht vorliegen. Am allerwenigsten aber kann die Annahme eines solchen Einflusses aufrecht erhalten bleiben, wenn sein Tod schon 800 oder 801 eingetreten sein soll, da um diese Zeit an Nürnberg auch noch nicht im entferntesten gedacht werden kann.

Wie hier, so läßt sich Lochner in seinen Darlegungen über das frühe Bestehen der Stadt und die Besiedlung der Umgebung nur allzusehr von seinen unkritischen Vorgängern beeinflussen. Karl der Große, der wiederholt in Nürnberg weilte und in den dortigen Jagdgründen dem edlen Waidwerk oblag, ist ihm der Gründer der Altenfurter Kapelle. Er tritt damit nur in die Fußstapfen Meisterlins, dessen Einfluß er nicht abzuwehren vermag. Zwar meint er auch, daß die Kapelle urkundlich auf Karl den Großen hinweise. Aber eine solche Urkunde ist nicht vorhanden und die erste, die Altenfurt betrifft, stammt aus dem Jahre 1225. Oder meint er vielleicht, daß der von Meisterlin aufgebrachten Erzählung eine urkundliche Beweiskraft beizulegen sei?

Was er weiterhin über noch ältere Ansiedlungen bei Nürnberg und die Verhältnisse dieser Urbewohner, über Jagd, Zeidlerei, Mühlenbetrieb, Köhlerei und sonstiges vorbringt, stützt sich nicht etwa auf ältere historische Nachrichten, sondern ist nur eine von ihm aufgebrachte, durch nichts bewiesene und in keiner Weise gerechtfertigte subjektive Meinung. Das nämliche gilt von dem, was er über die etwaige Einführung des Christentums in der Nürnberger Gegend durch Bonifazius kombiniert. Die Doppelkapelle auf der Burg und die Euchariuskapelle setzt er in die Zeit des Ausgangs der deutschen Karolinger oder doch in die nachfolgende K. Konrads I., „während der fünfeckige Turm, unstreitig das älteste aller Nürnberger Baudenkmäler, noch einer früheren Periode angehören mag“. Dann modifiziert er wieder seine Ansicht, indem er es dahingestellt sein läßt, ob Karl der Große die Burg veranlaßte oder aber die Anfänge dazu schon vorfand und sie nur erweiterte.

Nun ist aber, wie in der Abhandlung selbst schon dargelegt wurde, die Doppelkapelle ein Werk des ausgehenden 12. Jahrhunderts, die Euchariuskapelle im 13. Jahrhundert und der fünfeckige Turm nach dem Urteil sachkundiger Architekten und Kunsthistoriker um die Mitte des 11. Jahrhunderts entstanden.

Noch mehr muß seine Annahme befremden, daß sich schon zu Karls d. Gr. Zeit eine Kapelle auf der Burg vorfand, über der dann eine weitere erbaut worden sei und daß auch schon die St. Peterskapelle bestand, die dann später den Gebeinen des hl. Sebald Aufnahme und Schutz hätte gewähren können — lauter aus der Luft gegriffene, unhaltbare Vermutungen!

Und so kann sich denn auch Lochner nicht ganz von der Celtisschen Fabel der Gründung Nürnbergs durch die Noriker lossagen. Er wägt die Gründe dafür und dagegen ab. Zwar mißt er den letzteren das größere Gewicht bei, aber diese Ansicht bleibt ihm doch immer noch wahrscheinlicher als die Annahme des römischen Ursprungs durch Tiberius oder Drusus Nero und ihre Möglichkeit ist nach ihm nicht abzuweisen.

(Vor Lochner bringt übrigens schon Dr. Friedr. Mayer in seinem Büchlein: Nürnberg im 19. Jahrhundert mit stetem Rückblick auf seine Vorzeit. 1842. S. XI die Meinung, daß die Beschäftigung der Urbewohner Nürnbergs vor ihrer Bekehrung durch Bonifazius „im Anbau der Umgegend nach Ausreutung der Wälder, in Bienenzucht, Jagd und Fischerei bestanden habe".)

3. Der fünfeckige Turm.

Eine auf meine Veranlassung vorgenommene Untersuchung des fünfeckigen Turms, welche die beiden Herrn Konservator Dr. Fritz Traugott Schulz und Architekt H. J. Dennemark unter Aufwand vieler Arbeit und Mühe und zum Teil unter nicht geringen Schwierigkeiten durchführten, hat Anspruch darauf, hier in ihren Ergebnissen festgehalten zu werden. Sie berichten folgendes.

„Eine genaue Inaugenscheinnahme des als ältestes Bauwerk Nürnbergs betrachteten fünfeckigen Turmes führte zu folgenden Resultaten.

„Quadratisch auf einer frei vortretenden Felsplatte aufgeführt, zeigt dieses Bauwerk im Aeußern einen im Norden und Osten ziemlich wohl erhaltenen Quaderverband. Die West- und Südseite, jeder Witterung ausgesetzt, tragen die Spuren mannigfacher Ausflickung und Veränderungen an sich. Das Steinmaterial, bei einer Untersuchung als Wendelsteiner Quarzit befunden, ist in teilweise regelmäßigem Fugenschnitt aufgeführt. An andern Stellen kommen wieder größere Quaderblöcke zur Verwendung, deren Schichthöhe erreicht wird durch Zwischenlagerung von zwei oder drei kleineren Schichten. Alle aber zeigen eine Art roher Bossierung. Das Format der einzelnen Quadern ist, abgesehen von größeren Stücken, die man als schöne Stücke, wie sie der Bruch lieferte, nicht erst zertrümmern wollte, auf ungefähr 30 cm Höhe bei 60 cm Länge anzusetzen.

„Es ist klar, daß ein solches Bauwerk, aus alter Zeit auf uns überkommen, die Aufmerksamkeit der Menschen erregen, ja daß im Volke die Sage sich seiner bemächtigen mußte. Wenn aber Sage und phantastische Ausschmückung die Grundlage wissenschaftlicher Forschung werden, kann man wohl mit der Behauptung überrascht werden, daß man hier vor einem wohlerhaltenen Werk der Römer stehe. Ohne auf die Widerlegung einer derartigen Behauptung vom Standpunkt der Architektur, die ja nur auf die gänzlich verschiedene Bauweise der römischen Zeit und derjenigen der romanischen Periode hinzuweisen braucht, einzugehen, war es doch im Interesse der Sache gelegen, diesen Turm auch im Innern, besonders auf seine Grundlagen hin, zu untersuchen.

„Wie schon erwähnt, zeigt der Turm quadratischen Querschnitt. Bei einer Mauerstärke von 2,20—2,50 m mißt der innere lichte Raum ungefähr 5,50—5,70 m im Quadrat. Im Innern ist er durch rohe Balkenlagen mit darüber gelegten Brettern in 4 Stockwerke geteilt. Durch rohen Putzbewurf, durch teilweise Veränderungen der Lichtöffnungen kommen die drei oberen Stockwerke nicht viel in Betracht. Auszunehmen ist in Sonderheit das zweite Obergeschoß. Wichtig dagegen ist das unterste Geschoß, das seinen einzigen Zugang in jetziger Zeit durch eine Falltüre hat, die unter der sogen. Eisernen Jungfrau angebracht ist. Von hier aus mittelst Leitern in die Tiefe gelangt, befindet man sich in einem Raume, der die ursprüngliche Gestaltung des Turmes im Innern in unberührter Weise zeigt. Die Höhe dieses Geschosses ist 6 m, die Breite und Länge 5,50/5,70 m.

„Vom Boden aus gerechnet ist bis zu einer Höhe von etwa 2 m das Steinmaterial in rohen, ziemlich regelmäßigen Quadern aufgeführt, wie solche der Bruch lieferte. Die Mörtelfugen, roh ausgefüllt, sind teilweise 5—7 cm stark. Von hier an ist der Stein roh geebnet durch Abschlagen der vorspringenden Kanten und Spitzen.

„In einer Höhe von etwa 3,20 m zeigen sich auf allen vier Seiten je 2—3 quadratische Löcher von 15—20 cm Querschnitt und wenig in die Mauer vertieft. Sie mögen wohl zur Aufnahme von Gerüstbalken, vielleicht auch zu einer Unterteilung des Raumes zum Zweck des Emporsteigens in ein höheres Stockwerk gedient haben. Interessant ist ein jetzt zugemauertes Fenster auf der Südseite. Es ist, etwa 2 m über dem jetzigen Steinboden beginnend, rundbogig in einer Höhe von 1,13 m aufgeführt. Der Bogen mit 0,76 m Spannweite ist aus 7 Bogensteinen gebildet.

„Das Fenster beginnt, von unten gerechnet, gerade in der Höhe, in der das rohe Bruchsteinmaterial in geebnetes Mauerwerk übergeht. Jetzt ist die Nische bis auf etwa 30 cm Tiefe zugemauert. Bemerkenswert ist auch, daß die Höhe der Fensterbank und der 6 rohen Bruchsteinschichten im Innern identisch sind mit der des jetzigen Terrains im Aeußern. Eine genaue Untersuchung dieses Terrains sowie der in den Keller des späteren Anbaus hinabgehenden Grundmauern des Turmes zeigte, daß die Platte des Felskegels nach innen etwas vertieft wurde, um eine ebene Grundlage zur Aufnahme der Fundamentmauern zu schaffen. Charakteristisch ist, daß eine Felszinke an der Nordostecke in halber Höhe des Erdgeschosses — Dach der Kaiserstallung — stehen geblieben ist, um ihrerseits eine natürliche Grundlage für den merkwürdigen Ausbau an dieser Stelle, die sogen. fünfte Ecke, zu bilden. Es ist auf diese Weise in Verbindung mit den starken Umfassungsmauern ein mit dem Felsen fest verwachsen scheinendes Bauwerk entstanden, das trotz der stark exponierten Lage wohl imstande war, all die Jahrhunderte hindurch den Unbilden der Witterung standzuhalten, wie es fast als eine natürliche Fortsetzung des aus dem Graben aufsteigenden Felskegels gegen unbefugtes Eindringen geschützt war."

Zu ganz anderen Ergebnissen wie die vorhergehende Untersuchung des fünfeckigen Turmes an Ort und Stelle kommt Herr Hauptmann a. D. Emmanuel Seyler[188]). Auf seine allgemeineren Ausführungen über Exkubien und Agrarien gehe ich nicht näher ein und beziehe mich bezüglich seiner Anschauungen über die Verhältnisse in und bei Nürnberg auf das in der Darstellung S. 21 Gesagte, dem ich nur hinzufüge, daß sich nach der Meinung Seylers beim fünfeckigen Turm oder vielmehr am Fuße des Burgbergs in der Nähe des Tiergärtnertors der Burgstall, in dem die täglichen Gebrauchspferde untergebracht waren, befunden hätte. Den Namen des Tiergärtnertors scheint er mit diesem Burgstall — Burgstall ist bei ihm stets „Stallung", insbesondere für Pferde, die außerhalb der Burg lag — in Verbindung bringen zu wollen, wogegen nur zu sagen ist, daß das Tiergärtnertor seinen Namen von dem davor gelegenen burggräflichen Tiergarten erhalten hat.

Aber nicht allein aus seiner Theorie der Exkubien und Agrarien heraus, sondern auch aus Merkmalen, die der Turm selbst an sich tragen soll, will Herr Hauptmann Seyler seinen römischen Ursprung erweisen. Insbesondere aber aus der Beschaffenheit der Lichtschlitze im ersten und zweiten Obergeschoß. „Hatten die Römer schmale und niedrige Gewölbe zu bauen, wie an den Lichtschlitzen des fünfeckigen Turms", bemerkt er, „so konnten sie wie im ersten Stockwerk die Gewölbequadern im Bogensturz fertigen und sie trombenartig nach innen erweiternd hintereinander setzen, oder sie konnten sich, wie im zweiten Stockwerk, einer sich über ein Lehrgerüst gezogenen Verschalung bedienen, um darüber mit dem Gußmauerwerk fortzufahren. Diese Verschalung bestand, wie noch heute erkennbar, aus einer dünnen Schicht von Holzplättchen, die über die Tonplatten in fünf Lagen nebeneinander mit Ziegelstückchen zum Ausfüllen gelegt waren, und dann aus etwas Mörtelschicht. Wie sich leicht denken läßt, hat sich die Verschalung zum größten Teil abgelöst, nur ein kleiner Rest ist zur Konstatierung dieses Verfahrens noch vorhanden, aber in diesem Ueberbleibsel sind einige Tonplatten von ausgezeichneter Fertigung und tiefdunkler Färbung erhalten. Infolge dieser Abblätterung der Gewölbeverschalung ist nun das Gußmauerwerk des Gewölbes frei zutage getreten und verliert dennoch nicht das mindeste an Substanz, eine Eigenschaft, welche selbst den römischen Kastellmauern nur dann zukommt, wenn sie auf äußerste Widerstandsfähigkeit berechnet waren, also an einem Turm, der als letzter Zufluchtsort zu dienen hatte“ *).

An anderer Stelle bemerkt er, die Historiker seien gezwungen, auf seine Agrarientheorie einzugehen und sich von einem außerhalb ihres Kreises Stehenden belehren zu lassen, um dann wörtlich folgendermaßen fortzufahren: „Ebenso liegen die Verhältnisse beim fünfeckigen Turm; wie oben um die Ausmaße der Dämme [bei der fossa Carolina, die Herr Hauptmann Seyler für eine römische Pferdeschwemme erklärt], so handelt es sich hier um die Frage: „Sind die Gewölbe der Lichtschlitze aus Keilsteinen gefertigt, wie die Historiker und ihre Architekten behaupten, oder nicht?“ — Wie sich der Name fossa Carolina zu einer Geschichts- und seit dem Geographentag zu einer Geographenlüge ausgestaltet, so werden die Keilsteingewölbe im fünfeckigen Turm allmählich zu einer Geschichts- und Architekturlüge. Sind die Historiker gezwungen, mir zuzugeben, daß von solchen Gewölben sich nichts nachweisen läßt, dann stehen sie auch hier wieder vor dem Nichts ihres Wissens, denn das römische Gußmauerwerk erfordert eingehendes Studium“ **).

Es fragt sich hier nur, ob denn auch alles logisch gedacht ist, was hier mit so pomphaften Worten ans Licht

*) Nordbayer. Zeitung Nr. 305 vom 29. Dezember 1906.
**) Ebenda Nr. 168 vom 20. Juli 1907.

gebracht wird, ob es mit den tatsächlichen Verhältnissen übereinstimmt und ob es auch schließlich als ein untrüglicher Beweis der römischen Bauart des fünfeckigen Turms anerkannt werden kann.

Zunächst sei hier die Beschaffenheit der Lichtschlitze näher ins Auge gefaßt, die von sachverständigen Architekten und Kunsthistorikern, die auf jahrelange Erfahrungen in technischen Dingen zurückblicken, untersucht wurden. Danach bestehen allerdings die Wölbungen der beiden Lichtschlitze im Westen und Süden des ersten Obergeschosses aus einzelnen hintereinander gesetzten, im romanischen Rundbogen glatt und schön in Wendelsteiner Quarzit ausgehauenen Lagen und verjüngen sich trombenförmig nach außen. Auch die Wandungen zeigen den Wendelsteiner Stein. Aber während der Turm außen an der Süd- wie Westseite gewaltige Spuren der Verwitterung aufweist, sind solche in den Lichtschlitzen, die doch auch unausgesetzt unter den Einwirkungen von Wind und Wetter zu leiden hatten, auch nicht im geringsten zu bemerken. Wölbungen und Wandungen machen vielmehr den Eindruck, als wären sie erst vor einigen Jahrzehnten fertig geworden. Dies, sowie die außerordentlich glatte und sorgfältige Art der Behandlung, die in einem auffallenden Gegensatz zu der übrigen baulichen Behandlung des Mauerwerks steht, lassen darauf schließen, daß hier in späterer Zeit eine Erneuerung, eine Art Auswechslung stattgefunden hat. Wann sie erfolgt ist, läßt sich schwer sagen. War es etwa nach der Zeit der Erstürmung der Burg durch den bayrischen Pfleger Christoph Leiminger i. J. 1420 und unter dem neuen Regiment des Rats, der 1427 durch den Kauf der burggräflichen Burg auch in Besitz des fünfeckigen Turmes gelangte? Wenn man die in jeder Beziehung unversehrten Wölbungen und Wandungen betrachtet, so kann man sich kaum mit dem Gedanken befreunden, daß diese bauliche Aenderung schon damals vorgenommen worden sei. Man könnte auch an die 30er Jahre des 16. Jahrh. denken, als die Stadt die großen Befestigungsbauten der Burg vornahm und auch gerade in der burggräflichen Burg verschiedene unhaltbare Zustände beseitigte. Aber auch diese Zeit scheint zu fern zu liegen, wenn man den von jedem Einfluß der Zeit wie unberührt gebliebenen Zustand der Lichtwölbungen erklären will. Und so möchte man annehmen, daß die Auswechslung oder vielmehr die Ersetzung der ursprünglich einfacheren Lichtschlitzwölbungen, die wohl ebenso angelegt waren wie jene im zweiten Obergeschoß, erst in eine spätere Zeit fällt.

Bezüglich der Lichtschlitzwölbungen im zweiten Obergeschoß ist der Sachverhalt denn doch ein wenig anders, wie ihn sich Herr Hauptmann Seyler vorstellt. Man sieht im westlichen Lichtschlitz vorn nach außen hin noch Reste der durch einen Zufall nicht ganz entfernten Holzverschalung — des Lehrgerüsts — und daneben, wo sie nicht mehr vorhanden, den von ihr flachgedrückten, beim Bau durch die Fugen der Wölbung gequollenen Mörtel. Nach dem Innern des Turms zu zeigt sich das Gewölbe ohne alle Reste einer Verschalung und Mörtelschicht. Es besteht auch nicht aus Brocken- oder Gußmauerwerk, wie Herr Hauptmann Seyler will, sondern sellt sich als ein Keilgewölbe dar, dessen 6 Lagen man deutlich erkennen kann. Es fehlt demnach gerade das Merkmal, das Hauptmann Seyler in den Lichtschlitzen des fünfeckigen Turms gefunden haben will. Es kommt noch hinzu, daß die Fugen zum Teil breit sind und der Mörtel an Stellen, wo man ihm beikommen kann, wenig konsistent ist.

Die ganze Gestaltung und Form dieser rundbogigen Wölbungen ist die, wie sie in der romanischen Zeit statthatte, und läßt auf die Entstehung im 11. Jahrh. schließen.

In dieser Angelegenheit schreibt mir Herr Konservator Dr. Fritz Traugott Schulz dahier noch folgendes: „Ich war heute früh (2. August 1907) im fünfeckigen Turm, um wegen der beiden Oeffnungen im ersten Obergeschoß nochmals Nachschau zu halten. Beide Oeffnungen sind durchaus in Wendelsteiner Quarzit hergestellt. Bei der westlichen weichen die Bogensteine mit Ausnahme des äußersten derart in der Farbe — sie sind weit heller als die Wandungen — ab, daß ihre Einfügung noch nicht allzuweit zurückliegen kann. Sie stammen offensichtlich aus spätester Zeit, die Wandungen dagegen sind alt, scheinbar aber in späterer Glattebnung ausgearbeitet. Der feine Randschlag, die engen Fugen der Bogensteine beider Oeffnungen schließen auch für den vernünftigen Laien jedweden Zweifel an ihrer späteren Einfügung im Sinne von Auswechslung aus. Wie unendlich primitiver und roher sind dagegen die beiden Oeffnungen im zweiten Obergeschoß! Hier wird und kann keiner anders: er muß den vorhandenen Bestand als zum Ursprungbau gehörig und mit ihm gleichzeitig zugeben; er muß auch den unüberbrücklichen Unterschied zwischen „alt“ oben und „neu“ unten einsehen. Wer es nicht tut, dem ist nicht zu helfen! Die Wandungen, auch der Oeffnungen im zweiten Obergeschoß, scheinen später glatter ausgearbeitet worden zu sein.

„Die Tonplatten von ausgezeichneter Fertigung und tiefblauer Färbung sind wohl eine gänzlich freie Erfindung. Ich finde nichts dergleichen.“

Bezüglich weiterer Merkmale römischer Bauweise bemerkt Hauptmann Seyler folgendes:

Die Römer führten beim Bau ihrer Kastelle „äußerst starke Mauern schichtenweise so auf, daß zunächst die Quader einer äußeren und einer inneren Frontmauer mit engen, fast unmerklichen Fugen über und nebeneinander gelegt wurden, dann legte man zwischen diese beiden Mauern Bruchsteine, mit dem flachen Teile nach der Seite, oder glatte Geschiebsteine oder auch Schalen in der bekannten Fischgrätenform aneinander und goß über diese Lage den dünnflüssigen, bisweilen noch warmen Mörtel aus. Betrachtet man solchen Mörtel durch die Lupe, so findet man die einzelnen Sandkörnchen mit einer dünnen Haut, wie die der abgerahmten Milch, überzogen. Bei solcher Bauweise findet sich in den Fugen der beiderseitigen Quader kein oder nur wenig Mörtel, daher kommt es, daß nicht selten diese Quader sich lösen und abfallen wie am Turm von Wellheim, ja es finden sich bisweilen beide Mauern, natürlich mit Gewalt, abgeschält, so daß nur das Gußmauerwerk standhält. Diesem Nachteil suchten die römischen Baumeister dadurch entgegenzuarbeiten, daß sie die Quader möglichst weit nach innen vorgreifen ließen.“

Es wird aus der Darstellung nicht klar, inwieweit sie auf den fünfeckigen Turm Bezug haben soll. Eine solche Beziehung muß man allerdings voraussetzen, da doch der Aufsatz sich „Vor- und Frühgeschichte des fünfeckigen Turms“ betitelt.

Jedenfalls aber will Hauptmann Seyler seine römische Bauweise aus dem Gußmauerwerk erweisen, womit die unten $2^1/_2$ m dicke Mauer in der Mitte ausgefüllt ist, wie ich das schon 1899 in der 2. Auflage meiner Burg in Nürnberg bemerkt habe. Als ob nicht auch deutsche Bauwerke des 10. und 11. Jahrh. in dieser Weise hätten ausgeführt werden können und tatsächlich auch so ausgeführt worden sind! Und wo liegt denn an irgendeiner Stelle des Turms das

Gußmauerwerk „in der bekannten Fischgrätenform“ zutage, und wenn dem so wäre, was würde denn das für seinen römischen Ursprung beweisen?

Daß sich in den fast unmerklichen Fugen der römischen Bauwerke kein oder nur wenig Mörtel vorfinde, trifft beim fünfeckigen Turm auch nicht zu. Gerade da, wo man noch am ehesten die Merkmale der römischen Bauweise erwarten sollte, im Untergeschoß, sind die roh ausgefüllten Mörtelfugen sogar 5—7 cm stark.

Ob ferner der Mörtel, der beim fünfeckigen Turm verwendet wurde, die Beschaffenheit hat, wie ihn Seyler sonst für römische Bauwerke vorschreibt — unter der Lupe zeigen sich die einzelnen Sandkörnchen mit einer dünnen Haut überzogen —, ist aus seiner Darstellung nicht zu erkennen. Eine Untersuchung seinerseits hätte sich um so mehr empfohlen, als er gerade auf dieses Moment einen besonderen Wert legt. Ich fand den Mörtel, wo ich ihm beikommen konnte, sogar sehr porös, bei nur geringem Zustoßen mit dem Stocke löste er sich in seine einzelnen Bestandteile auf.

Endlich sollen die Balkenlöcher im Innern des Turms auf seinen römischen Charakter schließen lassen. Zuerst hat Vocke[189]), auf den sich Seyler beruft, auf diese „viereckigen“, angeblich „d u r c h das Mauerwerk gehenden Gerüstlöcher“ hingewiesen. Nach Seyler kommen solche durchgehenden Balken, die er nie anders als r u n d gefunden, in der Regel nur bei Bruchsteinmauerwerk vor. „Die Balkenreihen fangen manchmal schon 90 cm über dem Boden an; hätten die Balken zu Gerüsten gedient, dann wären solche für die Arbeiter sehr unbequem gewesen“.

„An römischen Bauwerken sind diese Balkenreihen lediglich eine Befolgung der Regel des Vitruvius, wonach die beiden Stirnseiten durch Balken von Olivenholz mit einander in Verbindung gebracht werden sollen, um das Mauerwerk zu festigen. Diese eigene Art der Verankerung verlangt selbstredend Gußmauerwerk und runde Balken, damit der dünnflüssige Mörtel in die Fugen und Ritzen des Holzes eindringe, es gewissermaßen imprägniere. Die Balken sind in den seltensten Fällen so stark, daß sie ein Gerüst zu tragen vermögen. An den Turmecken sind diese Festigungshölzer stets parallel der Schnittfläche (??), ein Moment, das direkt gegen die Deutung der Hölzer als Gerüstbalken spricht. Daß nun auch am fünfeckigen Turm, wo die Frontmauern aus Quadern aufgeführt sind, Bindungshölzer von den Römern aufgeführt wurden, beweist, welche hervorragende Bedeutung sie diesem Bauwerk zumaßen".

Von dieser ganzen Ausführung bezieht sich abgesehen von der Einleitung nur der letzte Satz auf den fünfeckigen Turm, und der ist nicht richtig.

Zwar spricht Vocke in seinem Burggräflichen Schloß zu Nürnberg von Gerüstlöchern, die durch das Mauerwerk gehen. Durchgehende Gerüstlöcher aber finden sich im ganzen fünfeckigen Turm nicht. Die quadratischen Löcher, die in dem nur unter großen Schwierigkeiten zugänglichen unteren Geschoß auf allen 4 Seiten (je 2—3) vorhanden sind, wie die Untersuchung der Herrn Dr. Schulz und Dennemarck gezeigt hat, nur wenig in die Mauer vertieft. Da sie aber an allen vier Seiten vorkommen, so haben sie kaum dem Zwecke dienen können, den ihnen Herr Hauptmann Seyler bestimmt, denn für durchgehende Balken zur Festigung des Baues hätte man solcher Löcher nur auf zwei sich gegenüberliegenden Seiten bedurft. Und was wollte man außerdem mit diesen Balken wohl erreichen bei einem so mächtigen Bau, der bei einem Mauerdurchmesser von $2^1/_2$ m in sich selbst die notwendige Konsistenz fand und einer solchen Unterstützung nicht bedurfte? Außerdem bemerkt ja Herr Hauptmann Seyler selbst, daß solche Bindungshölzer nur bei Gußmauerwerk vorkommen. Von durch das „volle Mauerwerk gehenden Löchern" kann weder im Untergeschoß noch auch in den beiden Obergeschossen die Rede sein. Im ersten Obergeschoß ist auf der Ostseite links ein rechteckiges schmales Loch in der Mauer bemerkbar, das aber nur eine Tiefe von 43 cm hat, und ein Loch im zweiten Obergeschoß auf der Westseite in einer Tiefe von etwa 25 cm ist durch das Ausfallen eines Steines entstanden.

Die Balken im untersten Geschoß aber dienten, wie schon die Besichtigung durch die beiden genannten Herren feststellte, zur Aufnahme von Gerüstbalken oder zur Unterteilung des Raums zum Zweck des Emporsteigens in ein höheres Stockwerk.

Uebersehen wir im ganzen das, was Herr Hauptmann Seyler an Gründen für den römischen Ursprung des fünfeckigen Turms vorbringt, so kommen wir zu dem Ergebnis, daß es entweder auf ihn keine Anwendung finden kann oder daß er etwas sieht, was in Wirklichkeit gar nicht vorhanden ist. Es müssen Gründe von besserer Qualität und von durchschlagenderer Beweiskraft gegen die bisherige von Autoritäten aufgestellte und festgehaltene Meinung ins Treffen geführt werden. Mit der bisher von der Wissenschaft nicht anerkannten Exkubien- und Agrarientheorie und den neu aufgestellten Behauptungen über Gußmauerwerk, römischen Mörtel, römische Bindungshölzer u. s. w. läßt sich der römische Charakter des fünfeckigen Turms nicht dartun.

4. Graf Konrad von Dornberg — der erste castellanus der Reichsburg zu Nürnberg?

Die Annahme, daß ein Graf Konrad von Dornberg castellanus de Nurenberg, und zwar der erste beglaubigte Kastellan der Reichsburg gewesen, die sich auf die Angaben des Wolfgang Lazius, dem die nachfolgenden Geschichtschreiber meist ohne alle Kritik nachgeschrieben haben, und auf eine Urkunde Kaiser Friedrichs I. vom Jahre 1181 stützt, ist nicht aufrecht zu erhalten. Lazius bemerkt in seinem Werk: De gentium aliquot migrationibus, sedibus fixis etc. Basileae 1555, p. 1397: [Chunradus] de Dornberg ab Ottocaro, postumo Styriae principe, in literis testis refertur de anno 1187. Item a Friderico primo cognomento Barbarossa imperatore his verbis citatur de anno 1160: Chunradus de Dornbergh, castellanus de Nurmbergh. In seinem weiteren Werke: Reipublicae Romanae in exteris provinciis bello acquisitis comment. libri duodecim. Francof. a. M. 1598, pag. 1072 behauptet er, Chunradus a Dorenberch et castellanus in Nurenbergh werde von Markgraf Ottokar von Steiermark in Privilegien des Klosters Garsten v. J. 1162 genannt.

Diese Angaben des Lazius wurden von späteren nürnbergischen und brandenburgischen Historikern ohne weitere Prüfung übernommen. So erklärt gleich Müllner, gestützt auf Lazius und die Urkunde König Heinrichs VII. für das Schottenkloster St. Egidien, den Grafen Konrad von Dornberg für einen kaiserlichen Reichs- oder Landvogt. Jung in seiner „Anweisung, was die Comicia burggraviae in Nürnberg sei und involvire? Onolzbach 1733“, S. 112, 113 bezieht sich gleichfalls auf Lazius und v. Wölckern übernimmt seine sämtlichen Angaben in der Hist. Nor. dipl. S. 96 und 97. Dann aber bringt v. Wölckern in den Singul. Norimb. pag. 137, Anm. 9 nach Rettenpacher, Annal. monast. Cremifan., S. 195 eine Urkunde K. Friedrichs I. für

Kloster Kremsmünster vom 27. Februar 1181, worin unter den Zeugen comes Chunradus de Dorimberg, castellanus de Norimberg, begegnet. Da um diese Zeit wohl ein Burggraf Konrad, aber nicht aus dem Geschlechte der Grafen von Dornberg, sondern dem der Grafen von Raabs, die Nürnberger Burggrafschaft inne hatte, so kann der Dornberger Konrad unmöglich als Nürnberger Burggraf angesprochen werden, und man könnte ihn nur als castellanus der kaiserlichen Burg in dem Amte unterbringen, das später von dem buticularius und seit etwa Rudolf von Habsburg von dem Landvogt verwaltet wurde. Das ist denn auch schon geschehen und nach dem Wortlaut der von v. Wölckern beigebrachten Urkunde vom Jahre 1181 müßte Konrad von Dornberg als castellanus der Kaiserburg angenommen werden. Ich selbst habe mich, gestützt auf diese Urkunde, in meiner Schrift: Der Reichsstadt Nürnberg geschichtl. Entwicklungsgang 1898, S. 12 dahin ausgesprochen, daß der Kastellan der Reichsburg urkundlich zum erstenmal in der Person des Grafen Konrad von Dornberg auftrete.

Aber diese Urkunde — um zunächst darauf einzugehen — ist bei v. Wölckern an der ausschlaggebenden Stelle unrichtig wiedergegeben. Der Archivreferent des Museum Francisco-Carolinum in Linz und Konservator der k. k. Zentralkommission Wien Herr Victor Freih. v. Handel-Mazzetti macht mich darauf aufmerksam, daß in dem Zeugenkatalog der Urkunde v. 1181 zu unterscheiden ist: Comes Cunradus de Dorimberg. Castellanus de Norimberg. Diese Auseinanderhaltung der beiden Personen findet sich schon bei Scheidt, Orig. Guelf. III, 525, dann bei Meiller, Reg. zur Gesch. der Markgrafen und Herzoge Oesterreichs aus dem Hause Babenberg, S. 59, und endlich im Urkundenbuch für die Geschichte des Benediktinerstifts Kremsmünster S. 53*). Wendrinsky a. a. O., S. 138, bemerkt, daß das Wort Chunradus vor castellanus offenbar nur durch einen Schreibfehler [?] ausgelassen sei, und unterscheidet damit gleichfalls

*) Rettenpacher, Annales Cremifanenses 165 und das Urkundenbuch des Landes ob der Enns II, 373, setzen das Komma und vereinigen damit den Grafen von Dornberg und den Kastellan von Nürnberg zu einer Person. Aber die Wiedergabe der Zeugenreihe im Urkundenbuch des Landes ob der Enns gibt auch sonst noch Anlaß zur Beanstandung. So heißt es dort unmittelbar vorher Comes Liupoldus de Pleje et ejus frater Chunradus de Bilstein ohne Unterscheidung durch ein Komma nach frater, obwohl der Bruder des Liupold von Pleje von Konrad von Bilstein wohl zu unterscheiden ist.

den Konrad von Dornberg von dem Kastellan von Nürnberg. Danach sind Comes Cunradus de Dorimberg und der Castellanus de Norimberg zwei verschiedene Personen. Daß der Castellanus de Norimberg nicht mit seinem Vornamen genannt wird, kann nicht auffallen, wenn man bedenkt, daß die Urkunde in Nürnberg ausgestellt ist und daß man hier auch ohne besondere Namensnennung wußte, wer der castellanus de Norimberg war*). Es konnte niemand anders sein als der Burggraf, nicht etwa auch der später auftretende buticularius oder Reichsvogt oder der Kastellan der Kaiserburg. Der Burggraf von Nürnberg heißt nämlich um diese Zeit noch wiederholt castellanus, so noch 1184 und zum letztenmal, so weit ich sehe, im Jahre 1185[190]), und erst seit der Uebernahme der Burggrafschaft durch die Grafen von Zollern nennt er sich fast ausschließlich burggravius, selten auch noch praefectus de Nurenberg.

Was nun aber die Bemerkung des Lazius anbetrifft, daß Konrad von Dornberg in einer Urkunde K. Friedrichs I. v. J. 1160 und vom Markgrafen Ottokar von Steiermark 1162 als castellanus in Nurenberg aufgeführt werde, so kann man solchen Angaben nur mit dem größten Mißtrauen begegnen. Lazius ist, wie sich der Direktor des Steiermärkischen Landesarchivs Herr Prof. Dr. Hell ausspricht, „vielfach ungenau und wenig wahrhaft", und Herr Konservator von Handel-Mazzetti stellt ihm das Zeugnis aus, daß er im höchsten Grade konfundiere und er ihm zahlreiche Unrichtigkeiten nachgewiesen habe. Es muß als sehr auffallend bezeichnet werden, daß jene Urkunden, worauf sich Lazius bezieht, in den in Betracht kommenden Urkundenbüchern, so dem des Landes ob der Enns, in dem die sämtlichen das Kloster Garsten betreffenden Urkunden abgedruckt sind, dem Steiermärkischen Urkundenbuch und dem Urkundenbuch des Benediktinerstifts Kremsmünster nicht aufgenommen sind und sie auch im Steiermärkischen Landesarchiv zu Graz, dem Oberösterreichischen Landesarchiv, dem Museum Francisco-Carolinum und dem Diözesanarchiv zu Linz, dem Archiv des Benediktinerklosters Kremsmünster, sowie end-

*) Will man beanstanden — wie es auch schon mir persönlich gegenüber geschehen —, daß der Burggraf nicht auch mit Namen genannt sei, so verweise ich dagegen auf zahlreiche Fälle aus den Jahren 1226, 1235, 1236, 1237 und 1238 in Bd. I u. II der Mon. Zoller., in denen der Burggraf von Nürnberg gleichfalls ohne Namensangabe als Zeuge auftritt.

lich dem k. k. Haus-, Hof- und Staatsarchiv zu Wien nicht aufgefunden werden konnten*).

Es wird zur Klärung der Frage noch heranzuziehen sein, was sonst über Konrad v. Dornberg bekannt geworden ist**).

Ein Chunradus de Dornberc erscheint stets unter den Freien:

1173. Leoben, 18. März. Urk.-B. des Herzogt. der Steiermark 520, Nr. 550.

1177—1182. Mon. Boic. IX, 461. Mon. Weihenstephan.

1179. Ried, Cod. diplom. Ratisp. I, 251. CCLXXIII.

Um 1180. Freising. Meichelbeck, Hist. Frising. I, 371. Zahn, Cod. dipl. Austro-Frising. in fontes rer. Austr. XXXI, 114.

Um 1182. Urk. des Landes o. d. Enns I, 259, Nr. CLVII. Cod. Ranshofen.

1186 Aug. 17 auf dem St. Georgenberg bei Enns; ebend. II, 399, Nr. CCLXXII und U.-B. des Herzogt. der Steierm. I, 653, Nr. 677.

1186 Sept. 8 als Zeuge in Urkunde Kaiser Heinrichs VI. in St. Miniato. Stumpf-Brentano, Reichskanzler III, 243 (M.).

Es ist aller Wahrscheinlichkeit nach derselbe Chunradus, comes de Dornberg, der um dieselbe Zeit vorkommt

1181. Mon. Boic. VII, 487, Mon. Weyariensia. Cod. Falkensteinens.

1189 III. kal. apr. Mon. Boic. XIII, 192. Diplomatar. Prifling.

1189 ebend. 124. Cod. trad. Prifling.

Um 1190. Mon. Boic. IX, 559. Mon. Neocell. (nach von Handel-Mazetti wohl vor Antritt des Kreuzzuges zu setzen).

1183. Mon. Boic. X, 401. In den Mon. Schyrens. irrig als Heinricus de Dornberc gesetzt, wohl infolge unrichtiger Auflösung.

Graf Konrad von Dornberg nahm 1189—91 teil am Kreuzzug und kam wohl nicht mehr zurück. Späterhin ist er nicht mehr beurkundet (Ansberti hist. de expeditione

*) Den Verwaltungen der genannten Archive spreche ich für die für mich angestellten Nachforschungen meinen herzlichen Dank aus.

**) Ich verdanke diese Zusammenstellung der großen Güte des Herrn Konserv. von Handel-Mazzetti zu Linz, dem ich auch an dieser Stelle meinen herzlichen Dank ausspreche.

Friderici imper. ed. Jos. Debrowsky 23. Cod. Strahovien. in Fontes rer. Austriac. V, I, 16)*).

Bei allen diesen Angaben ist nirgends die Rede davon, daß Graf Konrad von Dornberg auch das Amt des Kastellans in Nürnberg bekleidet hätte. Wie schon bemerkt, wird der castellanus de Nurnberg um diese Zeit noch wiederholt in den Urkunden aufgeführt. Aber überall ist es der Burggraf. Wenn man allerdings Lazius und seinen Anhängern folgen wollte, so könnte man unter dem castellanus auch den Burgvogt der Kaiserburg verstehen wollen. Aber bei dem feststehenden Brauch in der Benennung des Burggrafen mit der Bezeichnung castellanus hätte der Kastellan der Reichsburg, wie es später auch geschah, durch einen anderen Titel unterschieden werden müssen.

Chunradus de Dornberg, castellanus de Nurnberg, aber ist eine ganz unmögliche Verbindung, da daraus hervorgehen würde, daß ein Graf von Dornberg Burggraf von Nürnberg gewesen wäre. Deshalb ist es notwendig, wie es ja in verschiedenen Publikationen geschehen ist, in der Urkunde von 1181 den Chunradus de Dornberg und den castellanus de Nurnberg, die zufälligerweise denselben Vornamen führten, wodurch das Mißverständnis nur noch befestigt wurde, als zwei verschiedene Persönlichkeiten streng zu scheiden, den Angehörigen des Grafengeschlechts Dornberg und den der Raabs, den Burggrafen von Nürnberg**).

Aber wie kam Lazius dazu, 1160 und 1162 den Chunradus de Dornberg als Nürnberger Kastellan in Anspruch zu nehmen? Es ist dies nur durch eine Fahrlässigkeit oder Konfusion, wie sie so oft bei ihm begegnet, zu erklären. Allem Anschein nach war ihm die Urkunde vom 17. Februar 1181 bekannt, aber irrigerweise setzte er sie ins Jahr 1160. Sein Zitat Chunradus de Dornberg, castellanus de Nurnberg stimmt nämlich mit der Stelle der Urkunde von 1181. Weil er aber ebensowenig wie verschiedene seiner Nach-

*) Mitteilungen des Herrn Konservators Oberst Freih. v. Handel-Mazzetti zu Linz.

**) Wie ich nachträglich sehe, wird schon in der Abhandlung: Histor. Nachrichten von der alten Burg und den Advokaten zu Dornberg (Franconia II (1813) S. 96ff.) dem Diakon Link zu Wöhrd gegenüber, der gleichfalls die alte Fabel von dem Reichsvogt Konrad von Dornberg nach Lazius u. a. in seiner Histor.-diplom. Nachricht von Konrad Grafen von Dorenberg und seinem Geschlecht (1789) wieder aufgewartet hatte, auf die Verschiedenheit der Person des Conradus de Dornberg und des castellanus de Nurnberg ausdrücklich hingewiesen.

folger die richtige Interpunktion setzte, so schuf er schon für das Jahr 1160 einen Kastellan Konrad von Dornberg und übertrug nun auch den für ihn neugewonnenen Titel auf den angeblich auch in Urkunden von 1162 und 1187 entdeckten Konrad von Dornberg. Es ist ja nicht ausgeschlossen, wenn auch bei der Unzuverlässigkeit des Lazius doch höchst unsicher, daß er ihn in Urkunden aus den genannten Jahren vorfand. Jedenfalls aber nicht mit dem Zusatz castellanus de Nurnberg*).

Man könnte auch noch fragen, ob denn nicht der Konrad von Dornberg der Urkunde von 1181 und des Lazius einem anderen Geschlecht als dem der österreichischen Dornberg zuzuweisen sei und ob er nicht etwa dem noch 1301 im Ansbachischen angesessenen Geschlecht der Dornberg angehört habe. Diese 1331 mit Ansbach und anderen Herrschaften durch Kauf von Graf Ludwig von Oettingen an den Burggrafen von Nürnberg übergegangene Herrschaft Dornberg lag ja ganz in der Nähe von Nürnberg und es wäre die Vermutung, daß der angebliche Kastellan von ihr ausgegangen, nicht so ohne weiteres von der Hand zu weisen. Aber ganz abgesehen davon, daß die Urkunde von 1181 und Lazius, auf den sich doch die ganze Beweisführung mehr oder weniger stützt, ihn in die Inngegend verweisen, muß doch auch bemerkt werden, daß diese fränkischen Dornberg nicht zum Grafen-, sondern nur zum Herrenstande gehörten. Wig. Hundt, Bayer. Stammbuch, 108. v. Falkenstein, Antiq. Nordgav. II, 300 ff., III, 19. Mon. Zoll. II, 111, 112, 238, 242, 243, 266, 442.

Wenn nun auch die frühere Annahme, die in dem Grafen Konrad von Dornberg den ersten beglaubigten Kastellan der Reichsburg erkannt zu haben glaubte, zurückgewiesen werden muß, so ist des ungeachtet doch noch ein weiterer königlicher Beamter zunächst auf dem Königshof und dann schon in der zweiten Hälfte des 12. Jahrh. auf der Kaiserburg zu Nürnberg im Gegensatz zum castellanus und späteren Burggrafen auf der Burggrafenburg anzunehmen, wie das in der Darstellung und in Anmerkung 159 des näheren dargelegt wird.

---

*) Müllner will Konrad von Dornberg noch in Urkunden von 1225 und 1228 als Kastellan oder praefectus gefunden haben. Aber der Praefectus Konrad erscheint hier ohne den Beisatz de Dornberg und ist nichts anderes als der Burggraf.

II. Urkunden und hist. Ortsbeschreibungen.

1.

Um 1039/40.

Bischof Eberhard von Bamberg überträgt die Güter Aurach und Zenn, welche Kaiser Heinrich sel. Angedenkens vom Grafen Konrad erhalten, nachdem er von der Irmengard die Investitur empfangen, mit allen ihren Zugehörungen auf der anderen Seite der Rednitz im Gebiet der Franken zur Unterstützung der geistlichen Brüder (des Domkapitels) mit der Bestimmung, daß sie nach dem Tode der Irmengard Zenn zurückgeben, Fürt zurückerhalten und über Aurach und seine Zugehörungen auf der anderen Seite der Rednitz freie Verfügung haben sollen.

(C.) Eberhardus dei favente clementia primus sanctae dei Babenbergensis aecclesiae ępiscopus. Cunctis in Christo fidelibus gratia vobis et pax a domino nostro Jesu Christo. Notum sit omnibus videlicet tam futuris quam pręsentibus, qualiter nos post receptam investituram a domina Irmengarda praediorum Ŏraha et Zenni, quibus dominus noster beatę memoriae Heinricus imperator a Chunrado comite primum investitus ipse aecclesiam nostram vestiuit, eandem cortem Ŏraha cum omnibus appendiciis suis sitis in altera parte Ratenze terra scilicet et terminis Franchorum servis, ancillis, areis, terris cultis et incultis, rutis et erutis, pratis, pascuis, molis, molendinis, aquis aquarumque decursibus, piscationibus, viis, inviis, exitibus et reditibus et cum omnibus utensilibus eius, quę vel ad praesens in eodem fuerunt vel humana arte et labore quoque modo inde provenire in sempiternum poterunt, communi consilio fidelium nostrorum clericorum videlicet et laicorum ad stipendium fratrum nostrorum terminavimus et de nostro iure in eorum ius et communem utilitatem remota ambiguitate transfudimus ea lege et ratione, ut post obitum dominę Yrmengardae fratres nostri Zenni reddant et Phurti suum recipiant deque Oraha et omnibus ad idem praedium pertinentibus, quę in altera parte Ratenze in terra videlicet et terminis Franchorum sita esse noscuntur, liberam habeant potestatem tenendi, possidendi, commutandi et quomodolibet ad communem utilitatem suam meliorandi. Et quia idem predium silvis non abundat, concessimus etiam, ut absque omni contradictione ad suum dominicalem usum videlicet ad construendum pontem et ad restauranda edificia, ad reficiendas molendinas vel ad quodlibet opus in eodem predio faciendum ipsi ligna et materiam ex altera parte Ratenze in nostro foresto licenter accipiant et apibus ponendi capsulas, quod rustice cidelevveida dicitur, et ibidem saginare porcos suos tantum dominicales liberam potestatem et omnino omnem utilitatem excepta venatione, piscationem etiam tam in lacis quam in profluente ex utraque parte fluvii communem nobiscum habeant, incolę autem eiusdem predii singulis annis modium avenę aut eminam, id est dimidium modium siliginis ad manum nostram et successorum nostrorum persolvant et sicut nostri dominicales servi cedendi ligna licentiam habeant. Et ut haec nostrę benivolentię tradicio per omnes successores nostros rata et inconvulsa permaneat, hanc paginam inde conscriptam et testium subscriptorum astipulatione et sigilli nostri inpressione iussimus insigniri. Quorum testium haec nomina sunt. Liupoldus prepositus, Bŏso decanus, Rŏkier magister scolarum, Egilbertus apud sanctum Stephanum magister scolarum; presbiteri: Bŏbo, Ocinus, Ecco, Wicilinus, Mecelinus; laici: comes Adalbertus, Reginoldus, Adeloldus, Hemmo, Hemmo, Immo, Maecelinus, Cŏno, Poppo.

Orig. Perg. mit durchgestecktem Siegel Bischof Eberhards im kgl. allgem. Reichsarchiv zu München.

2.

In der Zeit von 1047—1053.

Bischof Hartwig von Bamberg wiederholt den Kanonikern der Bamberger Kirche die in der vorhergehenden Urkunde gemachte Schenkung von Uraha, ad tempus iniuste amissum, sed domino propitio legali iure receptum, cum omnibus appendiciis suis sitis in altera parte Ratenze terra scilicet et terminis Francorum und fügt noch hinzu, daß der Dienst, welcher am Fest der Apostel gereicht zu werden pflegt, an seinem Jahrestag aus jenen Gütern geleistet und außerdem, soweit möglich, den Bedürfnissen der Armen zu Hilfe gekommen werden solle.

Zeugen: Hatto praepositus, Egilbertus decanus; presbiteri: Ocinus, Acelinus, Diezo, Wecilo decanus, Gunzo et Arnold subdiaconi; laici: Adelold, Benno, Meginhard, Diemo, Helmbreht, Bernhard, Hŏzo, Gemmund, Pabo, Gerung, Jŏticho, Jŏticho.

Orig. Perg. mit durchgestecktem Siegel Bischof Hartwigs im kgl. allg. Reichsarchiv zu München.

Beide Urkunden sind leider nicht datiert. Lang setzt die erste in seinen Reg. circ. Rezat. S. 25 in die Zeit um 1025, nach einer Bleistiftnotiz auf dem Umschlag des Originals im kgl. allgemeinen Reichsarchiv zu München wird die Zeit um 1040 für die Ausstellung angenommen. Nach der Urkunde war Kaiser Heinrich II. schon gestorben und das hat Lang aller Wahrscheinlichkeit nach veranlaßt, gleich das Jahr nach dessem Tode als Ausstellungsjahr anzunehmen, während jene Notiz auf der Urkundenhülle im Reichsarchiv sich für den äußersten Termin, das Todesjahr des Bischofs Eberhard von Bamberg (1040), entschieden hat.

Die in der Urkunde genannte Frau Irmengard gibt uns keinen Anhaltspunkt für die Feststellung der Zeit, da wir sonst nicht über sie unterrichtet sind.

An die angebliche Gemahlin Herzog Ernsts II. von Schwaben, Irmengard, die mit ihrem Gemahl in der Kirche von Roßstall beigesetzt worden sein soll, ist wohl kaum zu denken. Nach Breßlau, Allg. deutsche Biographie VI, 324 war Herzog Ernst allem Anschein nach nie vermählt.

Die Bestimmung, daß die Kanoniker des Hochstifts nach dem Tode der Irmengard Zenn zurückgeben, Fürt dagegen zurückerhalten sollten, läßt übrigens vermuten, daß die Schenkung Eberhards wohl nicht gleich nach dem Tode Kaiser Heinrichs II. erfolgt ist.

Zenn war 1021 an das Bistum gekommen, von dem es, wie aus unserer Urkunde zu schließen, an die Kanoniker des Hochstifts überging, diese aber sollten es nach dem Tode der Irmengard wieder an das Hochstift zurückgeben und Fürt dagegen zurückerhalten. Fürt, das 1007 an die Kanoniker durch Schenkung Heinrichs II. gekommen, war ihnen demnach wieder verloren gegangen und zwar hatte es die in der Urkunde genannte Irmengard allem Anschein nach in ihre Hände gebracht, dafür aber war als Ersatz Zenn den Kanonikern des Hochstifts vom Bistum zugewiesen worden. Ob man aber annehmen kann, daß der Bischof Zenn, auf dessen Besitz er doch einiges Gewicht gelegt zu haben scheint, nachdem er es kaum erworben (1021), wieder, wie Lang will, sollte aufgegeben haben (1025 oder schon eher), muß doch einigermaßen zweifelhaft erscheinen.

Die ins Auge fallenden Gegensätze, die die Urkunde über Herzogenaurach v. J. 1021 und die hier in Frage kommende Urkunde Bischof Eberhards aufweisen, dort das Auftreten der bayrischen Kolonisten, hier das Vorwalten des fränkischen Elements, lassen erkennen, daß sich eine Entwicklung angebahnt hatte, die mehr als einige Jahre, die Jahrzehnte erforderte, um sich durchzusetzen.

Aus diesem Grunde aber kann die Urkunde kaum eher als in den letzten Jahren der Regierung Bischof Eberhards, der 1040 starb, ausgestellt worden sein. In dieser Annahme kann uns nur bestärken, daß K. Heinrich III. durch Urkunde vom 10. Juli 1039 (Mon. Boic. XXIX, I, 51) das Bistum Bamberg in seinem Bestande und in seinen Besitzungen bestätigte. Im Anschluß an diese wichtige Urkunde, darf man annehmen, hat der Bischof in den letzten Jahren seiner Regierung — 1039 oder 1040 — die Besitzverhältnisse des Bistums und seiner Kanoniker bezüglich der Orte Aurach, Fürt und Zenn endgültig geregelt.

Die zweite Urkunde fällt in die Regierungszeit Bischof Hartwigs 1047—1053.

3.

Nürnberg, 1471 September 9.

Kardinal Franciscus von Siena verleiht Ablässe an den Festtagen der Auferstehung, der hl. Philippus und Jacobus, der hl. Margareta, des hl. Otmar und am Kirchweihfest in capella sancti Othmari abbatis in castro anteriori Nurinbergensi.

Franciscus, miseratione divina sancti Eustachii sacrosancte Romane ecclesie diaconus cardinalis Senensis in partibus Alamanie et Germanie ac terris sacro Romano imperio subiectis apostolice sedis legatus, universis et singulis Christi fidelibus presentes litteras inspecturis salutem in domino sempiternam. Splendor paterne glorie, qui sua mundum ineffabili illuminat claritate, pia vota fidelium de ipsius clementissima maiestate et misericordia sperantium tunc precipue benigno favore prosequitur, cum devota ipsorum humilitas sanctorum meritis et precibus adiuvatur. Cupientes igitur, ut cappella sancti Othmari, abbatis in castro anteriori Nurinbergensi Bambergensis diocesis, congruis frequentetur honoribus et in suis structuris et edificiis debite conservetur, ut Christi fideles eo licentius devotionis causa confluant ad eandem, quo ibidem dono celestis gratie uberius conspexerint se refectos, de omnipotentis dei misericordia et beatorum Petri et Pauli precibus et auctoritate confisi omnibus vere penitentibus et confessis, qui a primis vesperis usque ad secundas in resurrectionis domini nostri Jhesu Christi et sanctorum Philippi et Jacobi, apostolorum eius, ac sancte Margarethe virginis necnon sancti Othmari abbatis et dedicationis ipsius cappelle festivitatibus ipsam devotionis causa visitaverint et de bonis sibi a deo collatis ad reparationem et conservationem edificii, calicum, librorum aliorumque ornamentorum pro divino cultu inibi necessariorum manus porrexerint adiutrices, pro qualibet die ipsarum festivitatum predictarum centum dies indulgentiarum de iniunctis eis penitentiis misericorditer in domino relaxamus presentibus perpetuis et futuris temporibus duraturis. In quorum omnium et singulorum fidem et testimonium premissorum has nostras presentes litteras fieri nostrique sigilli iussimus appensione communiri. Datum Nurinberge Bambergensis diocesis in domibus nostre residentie anno incarnationis dominice millesimo quadringentesimo septuagesimo primo quinto idus septembris pontificatus sanctissimi in Christo patris et domini nostri domini Sixti divina providencia pape quarti anno primo. Auf dem Bug r.: Jo. de Madys.

Orig. Perg. mit anh. Siegel im kgl. Kreisarchiv Nürnberg.

4.

Nürnberg, 1479 Oktober 12.

Ausias, Kardinal der Kirche der hl. Sabina, verleiht der capella sancti Otthmari abbatis in castro anteriori Nurembergensi Ablässe an den Festtagen der Auferstehung, der hl. Philippus und Jacobus, der hl. Margareta, des hl. Ottmar und am Kirchweihfest.

Datum Nuremberge . . . anno a nativitate domini millesimo quadringentesimo septuagesimo nono quarto idus octobris. . . .

Orig. Perg. mit anh. Siegel im kgl. Kreisarchiv Nürnberg.

Beinahe wörtlich mit der vorigen Urkunde übereinstimmend. Lochner erwähnt in Nürnbergs Gedenkbuch, Nürnberg, Schrag [1875], S. 97, Urkunden über Ablaßerteilungen aus den Jahren 1472, 1475 und 1479. Bei der von ihm angeführten Urkunde von 1472 liegt wohl eine Verwechslung mit der oben abgedruckten Urkunde von 1471 vor, die von 1475 ist nicht mehr aufzufinden.

5.

Descriptio Nuremberge. 1492.

Nuremberga est superioris Germanie urbs celeberrima, quam circa duodecimum annum ante eterni verbi incarnacionem initium habuisse et a Tiberio Nerone cognomen sumpsisse ferunt. Cum enim Hunnorum et Thuringorum et alie multe gentes (imperatore adhuc Octaviano Augusto) terminos cepissent Romanorum devastare, ipse Augustus iam tercio ad Germaniam misit Tiberium Neronem Claudium. Qui cum exercitu suo (ut Suetonius refert et Strabo tangit) ad Norice fines in planicie eius agri, qui Noricos ab orientalibus Francis discernit, castra fixit accersitis illuc ad se multis ex Suevis, Gallia Baioariaque militibus, ut sic adversus Thuringie regem iret. Quo tamen mox territi Thuringi pacem pecierunt. Sed cum in ea (ut prefertur) planicie, ubi exercitus manebat et nunc urbs Neronberga sita est, collis quidam satis superbus, in quo nunc imperiale castrum extat, emineret, Nero ipse in eadem arce speculam fieri valloque et fossa muniri iussit. Mos enim erat Romanis, ut, in quo loco facerent hybernas, ibi fossam eiciendo aggerem struerent vallo exercitum circumdantes, temporeque estivo pro exercitu alimenta reponentes. Unde post eorum discessum propter relictam in loco rerum omnium disposicionem et commoditatem oppidum construi facile erat. Eo inde nacti occasionem ruricule circummorantes loca castrorum in dies iuxta speculam magis ac magis munire miroque modo sic fortiter instauravere, ut comites incliti nobilesque conplurimi et qui in montibus, ubi Norix, Herculis filius (a quo Norica dicta est), moram traxerant, habitabant, se plurimasque substancias suas huic municioni tamquam tutissimo contra hostium insultus asilo credere non dubitarent. Processu autem temporis oppidani ob sue in Romanos fidei observanciam viribus sic aucti fuerunt, ut ipse Tiberius Nero hanc urbem in oris Noricorum contra Thuringos et ceteros imperii hostes Romanorum coloniam esse et ex nomine suo Neronbergam nominari voluit. Et sic urbs illa semper sub alis Romani Cesaris mansit. Huic tamen capitaneis Romani principis sub burggraviatus titulo vicem gerentibus eiusque*) prefectis, quoad generosissimi ac nobilissimi burggravii, pro suarum virtutum meritis in imperii principes creabantur. Quidam ferunt urbi nomen ab unico monte arcis datum et ideo eam vernacula lingua Nureinberg (quod solum unus mons sonat) appellatum, alii vero a Norica Norenberg nuncupatam oppinantur, sed a Nerone cognominatam esse creditu dignior opinio tenet. Marlianus, alienigena ille, in expositione commentariorum Gaii Julii Cesaris sic ait: Boi, post Baioarii, modo Bavari dicti ab eo loco, quo nunc Neronberga sita est oppidum, per agrum Noricum. Eneas vero Silvius, omnium historio-

*) Hdsch.: cousque.

graphorum facile princeps, in libro suo de situ Europe et presertim Germanie inquit: Urbs Neronberga nobilis, magnificis structuris adornata publicis ac privatis, in agro sterili ac arenoso condita atque ob eam rem industrioso populo. Omnes enim (demptis pocioribus rei publice administratoribus) aut artifices sunt, aut negociatores. Hinc multe illis divicie et magnum in Germania nomen. Aptissima imperatorum sedes, libera urbs est, ceteris Germanie civitatibus et oppidis in gubernande rei publice administracionibus mirabile spectaculum, persecutoribus suis horribile tormentum, amicis fidele defensorium, emptorium tocius Germanie celebratissimum a multis populis undecumque illuc confluentibus iugiter frequentatum. Mirum est, quod tanta incolarum cum advenis multitudo adeo pacifice ac sine paucis iurgiorum commonitionibus gubernari potest, sed mirum non est, si populus dignis iussuum obsequiis obtemperaret in patres, a quibus ipse tamen pietate pocius quam sevitate excipitur et gubernatur, nulla tamen digna in temerarios prevaricatores afflictione neglecta. In pollitico huius urbis regimine relucere multa videntur Romanorum rerum prudenciis haud multum incomperabilia. In ea urbe divinus cultus est maximus; procurante enim et vigilante spectabili senatu omnes in ea monasteriorum persone sub reformacione et strictissima religione vivunt ipsorumque religiosorum ac etiam clericorum ordines vitam honestate sic plenam ducunt, ut nemo non possit illorum exemplis vel ad virtutes imitandas, vel vitia vitanda moveri. Hinc populus urbis ad piissimorum operum exercitia cultusque divini augmenta intentissimus est. Qua de re contigit, quod multe ac maxime elemosinarum elargiciones a multo tempore hactenus in cunctipotentis satoris imperiorum honorem institute sint indiesque augeantur. Quarum omnium hec (ut reor) piissima, quod omnes utriusque sexus lepra notati homines ex omnibus Germanie aliisque provinciis undecumque in urbem profecti singulis annis ebdomade sancte die Martis in sanctum parasceves usque diem cum omni humanitate atque pietate ad amplissimum illis in urbem deputatum hospicium excipiuntur, cibo potuque reficiuntur, audita prius in singulis delictorum confessione in die cene domini sacrosanctissimo dominici corporis pabulo vescuntur et tandem vestibus novis donati remittuntur in sua tecta. O omnium piissimorum operum piissimum, a nullo nisi instar saxidurato homine absque fletu intuendum vel sine tot egrotancium commiseracione spectandum!

Trinis urbs illa munitur fortissimorum murorum circuitibus ducentis quinquagintaque menibus*) partim altis, partim declivioribus et resistencie aptioribus, interiori ac medio muro adiunctis et fossa inter medium et extremum muros maxima, amplissima et profundissima impetuosos hostium insultus fortiter prohibente. Atque propugnaculis a medio muro ad interiorem usque ad resistendum sic adaptatis, ut ex toto ambitu circum omnem urbem contiguo, nisi quantum amnis Pegnicius per mediam civitatem sub sex pontibus quadrato lapide structis labens bis intercipit oppidum ipsum ad sui defensionem facillimum, ad oppugnandum vero difficillimum existat.

Preterea huic urbi provisiones sunt et arma defensiliaque non solum memoratu digna, sed etiam spectatu miranda, videlicet promptuaria tam publica quam privata singulis victui necessariis copiose referta, necnon armamentaria innumeris ac variis bellicarum rerum et materiarum instrumentis et apparatibus adeo plena, ut si murorum exterius munitio, an incolarum interius provisio magis terreat hostes, nemo abs singulari utrarumque rerum indagacione diiudicare queat. Ge. Alt scriba. 1492.

Aus dem Liber doctoris Hartmanni Schedel de Nuremberg betitelten Cod. lat. 472 der kgl. Hof- und Staatsbibliothek zu München, Bl. 98, 99. Außer der Meisterlinschen Chronik enthält er auch das Opus excerptum ex cronica vulgari de rebus gestis in Germania et Nurenberga, welches aller Wahrscheinlichkeit nach, wie Hegel, Städtechroniken III, 260 ff., nachweist, in diesem zweiten Teile ein Auszug der nürnbergischen Weltchronik des Kanzleischreibers Dietrich Truchseß (1463 in dem Aemterbüchlein genannt) war, während den ersten Teil der Losungsschreiber Johannes Plattenberger d. j. (1459 zum Losungsschreiber ernannt) verfaßt hatte, außerdem noch verschiedene andere auf Nürnberg bezügliche Excerpte und Aufzeichnungen.

Auch in dem Sammelbande D des Dr. Christoph Scheurl (Scheurlbibliothek im Germ. Museum Fol. 70) hat die Descriptio Nuremberge von Georg Alt, Bl. 25, 26, Aufnahme gefunden, ein Beweis, daß man Wert auf sie legte.

6.

Deutsche Beschreibung Nürnbergs. 1492.

Nürmberg ist des heiligen Romischen reichs ein namhaftige und weitbesuchte statt zwischen Bayrn und Frankenland in einer sandigen gegent, das Schwanfeld genannt, von einem fluß, die Pegnitz geheissen, und enmitten durch die

*) Sollte turribus heißen.

stat under vil stainin brugken laufende in dem bambergischen bischoftumb und schier in dem mittel teutzscher nacion gelegen. Nu ist under andern alten gepeuen daselbst ein purg ob der statt auf einem berg furscheinende, die mit form und gestalt irs gepeues ir selbs alter erkennen gibt. Und wan aber kein aigentlich alter der selben purg und statt mit lauteren offenbaren schriften angezaigt werden mag — als auch von vil anderen treffenlichen landen und stetten nit allain teutscher, sunder auch ander nacion nit lauter anzaigung irs ursprungs, alters und herkomens beschicht —, sunder solch ir alter und ursprung aus beifalligen ursachen vermutet und auch geglaubt wird. Wiewol dan etlich vermainen, das dise purg und stat von der gegent des Norgkeues, das zwischen der Thonau und diser stat ligt, als Norgkeusberg genant worden sei — inmassen dan in vil alten schriften der geschichtschreiber dise purg castrum Noricum, das ist Norgkeusburg, genent wirt —, auch etliche andere halten, das die selb statt von Druso Nerone, der die teutschen bestritten hat, oder von Tiberio Nerone, seinem bruder (der vil land und leut in teutschen und anderen nacionen zu seiner gehorsam gebracht und jezuzeiten die stett nach ime benantet hat), Neronberg genant sei worden, wie den solchs aus merklichem wone und vermutung etlicher alter schrift nit unbillich ze gelauben ist. Jedoch nachdem vil leut gefunden werden, die aus irer (wer waist welcherlai) art alweg genaigt sind, nach vergeßung ir selbs von anderen verkerlich zu reden, so sollen die selben wißen, das die meinung der beschreibung der statt Nuremberg nit auf ir tregt, die selben stat elter, dan sie ist, zemachen, sunder allain einen won und vermuttung irs alters anzezeigen und die widersprecher desselben ein sundere mue mit jungermachung diser stat haben ze lassen.

Etlich sprechen, dise stat sei von anbeginn under dem Romischen reich gestanden. So sagen andere, das Nuremberg erstlich graff Albrechts zu Franken gewest und nach seinem absterben unverlassen einichs erbens allererst an das reich komen sei. Nachdem aber Nuremberg an das reich gelangt hat, ist sie je und alweg mit gehorsamer laistung, holier treu und bestendikeit dem Romischen reich und seinen regiereren angehangen und durch solch ir getreue anhangung mermals zu sweren bedrangknussen komen. Sunderlich zu den zeiten kaiser Heinrichs des vierten, den konig Heinrich, sein sun, mit krieg verfolget und in solchem krieg die stat Nuremberg von irer treu wegen, die sie an keiser Heinrichen als irem rechten herren laistet, mit mechtiger herskraft belegeret und mit swerer beschedigung und zerrudung eroberet, wie dan Otto Frisingensis und Gotfridus Viterbiensis davon schreiben. Und wiewol zu beschreibung der leut und stett, in disem puch vermeldet, dise gewonliche ordnung gehalten wirdt, das sie irer art, natur, aigenschaft, gelegers, ursprungs, herkomens, wolstands, zierlichkeit, reichtumer, mächtigkeit und befestigung gepreiset und berumet werden, nachdem aber doch das werk diß buchs in diser stat Nurmberg durch etliche burgere daselbst ausgerichtet ist und nu nimant wol ansten will, sich selbs und sein verwanten aigens wesens mit lobreden zeberumen und zeerheben, so ist aus sunderer bevelhnus der fursichtigen, erboren und weisen herren burgermeistere und rats diser stat Nuremberg von iren stand und wesen verrer zeschreiben in besten vermiden. Dan die jenen, durch di dise stat aus weiten und vil orteren von kaufschlags und ander handlung wegen teglich besucht wirdt, wissen nach irer beschaidenhait zereden und ze mustern von gelegenhait, gestalt und bevestigung diser stat, auch von art, aigenschaft und hantirung irs volks und von irem burgerlichen regiment und pollicei, dannach auch von der zucht und loblichem stand der geistlichen und besunder der closterlichen personen in acht closteren under iren observancien lebende. Und darzu auch von dem in aller werlt berumbtisten allerwirdigsten heiltum und keiserlichen zaichen, so jerlich umb osterliche zeit offenlich daselbst gezaigt werden. Welcher aber von dem wesen der stat Nüremberg aigentlicher anzaigung aus der schrift wissen wolt, der mag die suchen in dem buechlein des hochberumbt poet Eneas Silvius, darnach babst Pius der ander genant, von der gelegenhait teutzscher land geschriben und darin auch diser stat nit zu ungut gedacht hat. 1492.

Cod. lat. 472 in der kgl. Hof- und Staatsbibliothek zu München, Bl. 266, 267.

III. Anmerkungen und Erläuterungen.

[1]) Ueber Sigmund Meisterlin und seine Bedeutung als Historiker ist nachzusehen: Städtechroniken Bd. III, — Paul Joachimsohn, Die humanistische Geschichtschreibung in Deutschland. Heft 1. Die Anfänge. Sigismund Meisterlin. Bonn 1895. — Mummenhoff, Die Nürnberger Geschichtschreibung bis Joh. Müllner († 1634), Vortrag, gehalten beim 25jährigen Jubiläum des Vereins für Geschichte der Stadt Nürnberg am 2. Oktober 1903. Abgedruckt im Unterhaltungsblatt des Fränkischen Kurier 1903, Nr. 79, 81, 83, 85. — Ders., Die Besitzungen der Grafen von Nassau in und um Nürnberg und das sog. Nassauer Haus. Eine geschichtliche Untersuchung. 15. Heft der Mitteilungen des Vereins für Geschichte der Stadt Nürnberg S. 3, 4, 6, 8ff. S. auch die Kritik Meisterlins von Siebenkees im Journal v. u. f. Franken II, 30ff, VI, 424ff, und Oesterreicher, Denkwürdigk. der fränk. Gesch. III, 152ff.

[2]) Aufgeführt werden diese Klöster bei Meisterlin I, 2. Kap. Städtechr. III, 43.

[3]) Weiter ausgeführt wird diese Sage von Meisterlins Nachfolgern, besonders aber von Veit Arnpeck im Chronicon Boioariae (Herausgeg. bei J. R. P. Bern. Pez, Thesaus. Anecdot. Augustae Vindel. tom. III) cap. VI: De populi Bojoariaorum origine und cap. VII: De Ratispona, metropoli Bajoariae et ejus nominibus.

[4]) Es begegnet hier zum erstenmal die Bezeichnung Schwabenfeld, die bei den folgenden Geschichtschreibern eine so große Rolle spielt, das alte Nürnberger Reichswaldgebiet zwischen den sog. Grenzwassern der Rednitz bezw. Regnitz im Westen, der Schwabach im Norden und der Schwarzach im Süden.

Das Schwabfeld oder Schwabenfeld ist allem Anschein nach eine neue Entdeckung Meisterlins. „Das schwabfeld" bemerkt er (Städtechr. III, 42), „ist zwischen zweien flüssen, Schwabach genannt baid (irrtümlich nennt Meisterlin beide Flüsse oder vielmehr Bäche Schwabach, der südlich das alte Waldgebiet begrenzende ist die Schwarzach, die östlich in die Pegnitz mündet; ihr gegenüber vereinigt sich auf der Westseite eine weitere Schwabach, an der die Stadt gleichen Namens liegt, mit der Pegnitz) und ist vor zeiten als hoch gehalten gewesen, daß es hat gehabt ein aigne division in einem schilt, zwerchsparren rot und weiß."

Meisterlin schwebte hier wohl der alte Gau Sualafeld vor, den er in unsere Gegend verlegte und in Anlehnung an die hier vorkommenden Flußnamen (Schwabach) in Schwabfeld oder Schwabenfeld umtaufte. Der alte Gau Sualafeld „in der Eichstädter Diözese" „reichte längs der Pegnitz nur bis Schwabach nordwärts." Städtechron. III, 42 Anm., wo sich Hegel auf Lang, Baierns Gauen S. 106ff., beruft. S. übrigens auch die Stellen in den Annales Guelferbytani, in Prudentii Trecensis Annales und in

Reginonis Chron. 599 zu den Jahren 793, 839 und 876. MGH I, 45, 435 und 589. Die Grenzen des Sualafelds und des Nordgaus sind bei Lang und sonst noch keineswegs ganz sichergestellt und es verdiente diese Frage noch nicht eine nähere Untersuchung.

[5]) Städtechr. III, 46 Anm. Die Gründungsgeschichte Nürnbergs, wie sie Meisterlin erzählt, ist vor ihm nicht nachzuweisen. Meisterlin bringt sie zum erstenmal im Jahre 1483 in seinem Chron. eccl. August. I, cap. 5 und weiter 1484 in seinem Index monasterii SS. Udalrici et Afre I, cap. 2 vor. S. Städtechr. III, S. 45, Anm. 2.

[6]) Städtechr. III, 44.

[7]) Ebendas. 45, Anm. 2.

[8]) Ebendas. 47, 48.

[9]) Gedruckt bei Anthoni Koberger 1493 zu Nürnberg „auf anregung vnd begern des erbern vnd weysen Sebalden Schreyers vnd Sebastian Kammermaisters, burgern daselbst,“ mit Abbildungen von Michel Wolgemut und Wilhelm Pleydenwurff. Bl. 100.

[10]) Beilage II, 5.

[11]) Beilage II, 6.

[12]) Im Cod. lat. Monac. 472 in der Hof- und Staatsbibliothek zu München. Im Auszug mitgeteilt Städtechr. III, 269–305. Es würde sich verlohnen, diese für die Geschichte Nürnbergs bemerkenswerte Chronik einmal vollständig zu veröffentlichen.

[13]) Georg Truchseß, bezw. die deutsche Weltchronik gehen hier nach Städtechr. III, 271 auf Gotfried von Viterbo und die Sächsische Weltchronik zurück. Gotfried v. Viterbo (Pistorius-Struve, Germ. script., II, 322) berichtet, daß mit den Gütern Albrechts von Bamberg die Bamberger Kirche beschenkt worden sei, während die Sächsische Weltchronik (Lit. Ver. XLII, 285. Mon. Germ. Deutsche Chron. II, 157) auch davon nichts weiß. Truchseß erweiterte die Angabe des Gotfried v. Viterbo dahin, daß er Nürnberg an das Reich fallen läßt. Daß Gotfried v. Viterbo den damaligen Geschichtschreibern sehr wohl bekannt war und von ihnen benutzt wurde, dürfte auch daraus hervorgehen, daß der Cod. lat. Monac. 472, der unter vielem andern auch die Nürnberger Weltchronik im Auszuge enthält, auf Bl. 126 einen Auszug aus Gotfried v. Viterbo gibt, der allerdings von der Empörung König Heinrichs V. gegen seinen Vater und der Einnahme Nürnbergs i. J. 1105 handelt. Im übrigen dürfte es schwer, wenn nicht unmöglich sein, all die einzelnen Rinnsale aufzuspüren, aus denen die damaligen Geschichtschreiber geschöpft haben. Sie sind zum Teil gar nicht mehr vorhanden. So die Eusebii benannten Klosterchroniken. Der schon angezogene Münchner Kodex gibt auf Bl. 126 eine kurze Notiz über die Belagerung Nürnbergs durch König Heinrich V. und bezieht sich dabei auf den Eusebius des Klosters Prüfening. Auch Christoph Scheurl bringt im Sammelbande D (German. Museum 70 2°) auf Blatt 23, 24 einen Auszug ex cronica Eusebii cum additionibus monasterii Reinhartsbrunn aus den Jahren 901--908 über den Tod des Markgrafen Albrecht, aber ohne irgendwelche Nachricht über den Verbleib seiner Besitzungen, und weiter über die Einnahme der Burg zu Nürnberg i. J. 1105.

[14]) Städtechr. III, 54, 55.

[15]) Conradi Celtis urbs Norinberga cap. 5.

[16]) [v. Wölckern], Singularia Norimb. Nürnberg 1739. S. 10.

Den Dianentempel in der Margaretenkapelle nehmen auch die sonstigen Nürnberger Historiker an, so Wagenseil in seiner Commentatio etc. etc. p. 32. Joh. Heinr. v. Falckenstein scheint sich im Text seiner Antiquitates

Nordgaviae etc. (1733), tom. I, p. 177 dieser Meinung anzuschließen, indem er bemerkt, daß zu Nürnberg ehemals der Dianentempel gestanden, der nachgehends der hlg. Margareta geweiht worden. In der Anm. aber meint er doch, daß Wagenseil sich auf die nürnbergischen Annalen beziehe, denen man nur schlechten Glauben beimessen könne, da sie auf lauter Ungrund beruhten.

[17]) Städtechr. III, 188, 189: miroque modo agrestis populus fortalicium coctis lateribus instaurabat in suamque voluntatem quam plurimos nobiles, qui in montibus, ubi Norix, filius Herculis (a qua Norica dicta), moram fecerat, habitabant, circumquaque attraxit.

[18]) Viti Arnpeckii prioris Ebersperg. ord. S. Benedicti Chron. Bojoarie seu Bavarie in A. B. P. Bern. Pez, Benedict. et Bibl. Mellic., Thesaurus Anecdotorum tom. III, p. 25, 26, 34 ff.

[19]) Zuerst tauchte die Sage von Herkules und seinem Sohne Norix, den Eroberern des Noricums und Gründern Regensburgs, in der Vita Altmanni episcopi Pataviensis aus der ersten Hälfte des 12. Jahrhunderts auf. Es ist dort (Mon. Germ. Hist. SS. XII, pag. 237) von dem Berg Gotewich (Benediktinerstift Göttweih in Unterösterreich) die Rede. Hier soll ein Gotenherzog namens Gotefrit gehaust und den Gott Wich oder Mars verehrt haben, wie es Gräben und Umwallungen und alte Gebäude und Götzenbilder bezeugten. Weiter geht die vita Altmanni auf die Etymologie des Noricum Ripense, in dem der mons Gotewich gelegen war, näher ein:

Hic mons, in Norico Ripensi situs, primatum tenet inter montes circumiacentes amoenitate, iocunditate, fertilitate, salubritate. Et quia Noricum nominavimus, etimologiam eius, si placet, exprimamus. Bawari traduntur ab Armenia oriundi. Qui cum magna multitudine de finibus suis egressi, hanc terram sunt ingressi; et expulsis aboriginibus pro eis habitaverunt et terram de nomine ducis sui Bawaro Bawariam nominaverunt. Hanc post multos dies Norix, filius Herculis, expugnans Noricum ex suo nomine vocavit; in qua et civitatem Tiburtinam, quae nunc Ratispona dicitur, aedificavit. Ripensis autem, quae nunc Orientalis dicitur, ideo vocatur, quia subductis montibus ripa Danubii undique vineis et arvis foecundatur.

Auf diese Quelle scheint direkt oder indirekt der aus dem Beginn des 14. Jahrhunderts stammende Bernardi, ut videtur, liber de origine et ruina monasterii Cremifanensis zurückzugehen, wo es im 2. Kapitel (MGH. SS. XXV, pag. 639) heißt: Terra vero, quam incolunt [Woarii vel Wawari], Noricus est vocata, secundum Ysidorum ab agro frigido, quasi nocens cultoribus, dum steriles affert fruges. Sciendum quoque, quod secundum hystoriografum eadem provincia Warwaria vocatur a populi feritate; qui olim ab Armenia venientes expulsis incolis ibi sederunt et sibi nomen dederunt a Wawaro, suo duce. Sed postea Norix, filius Herculis, hanc expugnans tempore Gedeonis et civitatem edificans Noricum appellavit tam urbem quam regionem. Hec vero civitas postea a Tyberio reparata Tyburtina est vocata, que nunc latine Ymbripolis vel vulgariter Regenspurch a flumine Regen, qui ibi Danubium influit, vel Ratispona a ponendo et figendo rates cum mercibus venientes, generaliter appellatur. Item Noricus Ripensis ipsa regio vocatur, quia subductis montibus ripa Danubii undique arvis et vineis fecundatur.

[20]) Joh. Turmairs gen. Aventinus sämtl. Werke. Hrsg. von der k. Akademie der Wissenschaften. München. 1. Bd. S. XLI. — Bd. 2 (Annales ducum Boiariae I) S. 61: Postremus regum Germaniae, quos Berosus

enumerat, est Alemanus, cognomento Hercules, conditor primus Boiorum ... S. 62, 63. Noricus primogenitus, Hunnus, Helvetius, Bocus minimus natu [*filii*] ... Noricus inter amnes Danubium, Oenum, Draum, Italiamque Noricos, antea Tauriscos dictos a Taurisco rege, quem Hercules interemit, progenuit, a se dato nomine. Omnes eiusdem cardinis populis Herculeam esse prolem Plinius literis mandavit. — In seiner Bayerischen Chronik (IV, 135) bemerkt er lib. I, cap. 53: Der ainleft künig in Germanien, von dem Berosus, ein chaldeischer priester von Babilon pürtig, schreibt, ist künig Alman, der teutsch Hercules, ein held und großer krieger, hat 64 jar regirt, ist ein vater der Baiern.

[21]) Aventinus a. a. O. 2. Bd. (Annales Ducum Boiariae, I. Bd.), S. 62, 63. Er bringt zuerst die Sage von Herkules und seinem Sohne Noricus und schließt: Nerobergam quoque, quae diplomatibus et caesaribus Noreioberga est, ab ipso conditam esse tradunt annales nostri; quam si interpreteris, Norici montem valet, quo nomine ab Ottone nostro, pontifice Fruxiensi, nominari solet.

[22]) Aventin a. a. O. IV. (Bayer. Chronik Bd. I) S. 141: Unser alt baierisch chronica zaigen an, wie obgemelter künig Norein auch Noreinberg (also wird si in den alten kaiserlichen briefen und freihaiten geschriben) gepaut solt haben, darumb dan solche stat Montem Noricum, das ist Noreins berg, Otto, pischof zue Freising und sant Luitbolds, markgrafens aus Oesterreich, sun, im latein nennet; auch ander mêr, die da weiter sagen, das an der selbigen alten vest alte pildnüs in stain gehaut noch verhanden sein obgenanten teutschen Hercules und seins suns Noreins. Auch Nördlingen, Kloster Noreinsheim und Altbayern, das der gemeine Mann „das Narka" nenne, sollen nach ihm benannt worden sein, wenn man auch in alten königlichen Urkunden Nordgä geschrieben finde, das wäre das Land gegen Norden und Mitternacht, wie er im Anfang schon bemerkt habe. „Doch mügen pêd mainung wol wâr sein, wan müglich ist, das der nam Narka und Norka von pêden wörtern, Norein und Nordgä, gezogen und genumen sei." Für das Vorhandensein des Bildes des deutschen Herkules am Heidenturm zu Nürnberg ist für Aventin Quelle Konrad Celtis in seiner Norimberga. Im I. Buch, 53. Kapitel seiner Bayer. Chronik a. a. O., S. 135 schreibt er nämlich: „Zu Noremberg in der stat an der alten vest stênd noch alte aus stain gehaute pilder; schreibt Chunradus Celtis, der kaiserlich poet, in dem puech, das er von der stat Normberg geschriben hat, es sei dises Hercules pildnus."

[23]) [v. Wölckern], Singularia Norimbergensia ... Nürnbergische Altertümer und andere vornemlich merkwürdige Begebenheiten auch insonderh. zu Nürnberg gepflogene Reichshandlungen und Zusammenkünften. Nürnberg 1739.

[24]) Conradi Celtis Protucii, Germani imperatoriis manibus poetae laureati, de origine, situ, moribus et institutis Norimbergae libellus. Nürnberg 1502. Celtis sagt im 2. Kapitel, in dem er die Gründungsgeschichte erzählt, ausdrücklich: ut gravissimi autores produnt.

S. auch Bilibaldi Pirckheimeri consiliarii etc. opera politica, philologica et epistologica etc. a Melchiore Goldastio Heiminsfeldio. Frankoforti 1610, pag. 121. Auch in der Ausgabe der Germania des Franciscus Irenicus (S. Anm. 31) ist das Büchlein des Konrad Celtis über Nürnberg abgedruckt.

[25]) Historia antiqua liberae atque imperialis civitatis Norimbergae ..., quam sub praesidio Casparis Sagittarii ... proponit Andreas Straub, Norimb. Jenae. 1679. cap. II, § I. Straub bezw. Sagittarius führt noch weitere

Autoren an, die den Ursprung Nürnbergs auf die Noriker zurückleiten. Er selbst stützt sich auf Pighius und Hermann Conring.

[26]) Wagenseil, Joh. Christ., De . . . civitate Noribergensi commentatio etc. Altorfi Noricorum. 1697, S. 12, 15, wo es heißt: Ergo hoc ratum esto, Noribergam Noricis debere originem, prorsus uti Saxenburgum et Saxenhusam, Saxones extra Saxoniam, Franci, Frankenbergam, Frankenmarkiam, Frankenhusam, ne quid de aliis Germaniae populis dicam, expeditione peregre suscepta, extra natale solum condiderunt. Wagenseil geht hier auf Straub-Sagittarius cap. I, § 11 zurück.

[27]) C. G. Schwarz in seiner der Oratio auf den Herrn Waldstromer von Reichelsdorf beigefügten Epistel S. 109: Etsi itaque aliquantum retro ponamus origines Norimbergae iam tum temporis longe lateque inclarescentis; haec omnia tamen satis apte adhuc conveniunt in tritam multorumque saeculorum traditione confirmatam opinionem, postquam Hunni, gens atrox et fera, uti aliis populis, ita et Noricis perquam magna intulerint damna Henrici aucupis circiter temporibus, quosdam ex illis ipsis Noricis vicinisque populis coepisse de securo sibi prospicere loco atque huc, ubi nunc Norimberga floret, confluxisse ibidemque primum muniisse castellum. Iam illa ipsa pars veteris silvae Hercyniae, in qua Norimberga sita et primum condita est, cuius dominio tunc fuerit subiecta, nemo quidem est veterum scriptorum, qui expresse indicet, nemo, qui satis clare doceat.

[28]) Joannes ab Indagine [Joh. Heinrich von Falckenstein], Beschreibung der heutiges Tages weltberühmten . . . Stadt Nürnberg . . . Erfurt 1750. S. 74 u. 86: „Diesem nach bleibet es fest gegründet, daß die bedrängte und vor der Hunnen Grausamkeit flüchtige Noricer, die Sicherheit halber unter der Regierung der Kaiser Henrici I. und Ottonis I. sich hieher begeben, zu welchen sich einige Hercynische Waldleute gesellet, die erste Anfänger und Auferbauer des Castri Norici sind."

Falckenstein bekämpft im Vorhergehenden mit Erfolg die von den früheren Historikern aufgestellten Ansichten, die er der Reihe nach auf ihre Glaubwürdigkeit untersucht. Besonders die von dem Verfasser der Historia Norimbergensis diplomatica und der Singularia Norimbergensia, Laz. Carl v. Wölckern, in lang ausgedehnten, verworrenen Ausführungen vertretenen Meinungen, die in der Annahme der Gründung Nürnbergs durch Herkules und seinen Sohn Noricus gipfeln, bekämpft er auf das eingehendste und schärfste, um dann allerdings seinerseits wieder die alte Fabel von der Erbauung Nürnbergs durch die Noriker ebenso kritiklos wieder aufzunehmen und auf das hartnäckigste zu verfechten.

[29]) Lochner, Gg. Wolfg. Karl, Der Stadt Nürnberg Entstehung und erste Geschichte. Nürnberg 1853. S. 7f.

[30]) Goldast, Bilibaldi Pirckheimeri opera, pag. 110: Ego enim in plerisque me dubium esse fateor, ut ignorem etiam, cuinam genti patriam meam Norimbergam, quae Segodunum esse censetur, ascribere debeam. Hoc tamen pro comperto habeo, Noricos, quum a Romanis expellerentur, ultra Danubium et in hanc regionem concessisse, quae et hodie ab his nomen retinet et Norica vocatur, qua retinetur quidquid ab exitu fluuii Almonis in Danubium Nurembergam usque protenditur, ita, ut Albus Burgus nunc Weissenburg in Noricis esse dicatur, sed et procul dubio Norimberga quasi mons Noricus a Norica regione nomen accepit. Trajectusque amnis Regnicii per miliare unum a Norimberga distans Germanice Furdt in Norico agro reputatur, a quo deinde occasum versus ac septentriones Francia Orientalis seu Franconia ortum auspicatur. Sita est autem Norimberga non solum in Germaniae, sed et totius Europae umbilico etc.

[31]) Francisci Irenici Ettlingiacensis historiae Germanicae ... descriptio pulcherrima ... Hanoviae 1728. pag. 166.
Auch Goldast, W. Pirckhemeri opera, S. 114.
Das Werk des Irenicus über Deutschland erschien zuerst 1518 bei Thomas Anshelm in Hagenau auf Kosten des Joh. Koberger von Nürnberg.

[32]) [L. C. v. Wölckern], Singularia Norimbergensia, pag. 17, 20.

[33]) Celtis a. a. O., cap. IV: Urbs igitur Norimberga negociatrix tota et questuaria operosam quandam congeriem et negociationem continens et quam ex coniectura longitudinum et latitudinum Segodunum a Claudio Ptolomeo nominatam invenio. — S. Anm. 21.

[34]) Die erste Ulmer Ausgabe des Ptolemaeus vom Jahre 1482 (per ingeniosum virum Leonardum Hol, prefati oppidi civis [sic!]), enthält den Beisatz Nurenberg noch nicht, der erst wie auch bei anderen Städten in der Ulmer Ausgabe von 1486 (Kalendas Augusti impressum impensis Justi de Albano per provisorem suum Johannem Reger) auftritt. Lib. II. cap. X. Nach Hegel, Städtechr. III, 48, Anm. 4, hätte zuerst Konrad Celtis Segodunum für Nürnberg erklärt. Celtis hatte aber erst bei seinem zweiten Aufenthalt in Nürnberg im Jahre 1492 mit der Bearbeitung seiner Norimberga begonnen, die er im Juni 1495 dem Rat überreichte und die mit anderen kleineren Schriften 1502 in Nürnberg gedruckt wurde. Da Segodunum als Nürnberg schon in der Ulmer Ptolemäusausgabe von 1486 begegnet, so ist Hegels Behauptung nicht haltbar, daß Celtis zuerst diese Meinung aufgebracht habe. Es darf vielmehr angenommen werden, daß Celtis die Ptolemäusausgabe von 1486 kannte und daraus schöpfte. Dasselbe gilt ebenso von Pirckheimer, dem übrigens diese neue Meinung sehr wohl auch durch Konrad Celtis konnte vermittelt worden sein. Pirckheimer wird nämlich am Schlusse der Norimberga neben dem Bischof Johann Dalburg von Worms und dem herzoglichen Rat Johann Cocles als Zensor des Werkchens angeführt und durch den höchst ehrenden Beisatz patricius et senatorii ordinis vir integerrimus, philosophiaeque et in utraque lingua Graeca et Romana eruditissimus ausgezeichnet. Er kannte daher die Norimberga des Konrad Celtis sehr genau. Durch Celtis und Pirckheimer aber wurde jene Meinung Gemeingut und erhielt sich bis auf unsere Tage. Notiz von ihr nimmt auch Dr. J. G. Th. Graesse in seinem Orbis latinus (1861) S. 179: Segedunum, Segestero: Szegedin, Stadt in Ungarn; = Norimberga.

[35]) Zedler, Universallexikon 36. Bd. (1743), Sp. 1285: Segodunum, vormahls eine Stadt der Tenkterer in Deutschland, welche Pirchaimer und andere für das heutige Nürnberg halten ... Cluverius aber hält sie mit besserem Recht für einerlei mit der Stadt Siegen in der Wetterau (!), 12 Mailen von Maynz gegen Norden gelegen. Ptolemäus aber setzt sie gar aus großem Irrthum an das äusserste Ende Deutschlandes, weit von der Stadt Hoy, zu Anfang des Gebürges, die Baar genannt. — S. auch Encyclopédie on Dictionaire raisonné des sciences, des arts et des métiers etc. Neufchastel. tome 14 (1765), p. 890, wo diese Ansicht wiedergegeben wird und sich noch folgender Zusatz findet:

Il y avoit encore une ville dans la Gaule celtique, qui portoit le nom de Segodunum. Ptolomée, liv. II, c. VII la donne aux Reteni, qui sont les Rutheni de César. C'est aujourd'hui la ville de Rhodès.

[36]) Spener, Jak. Carl, Germania antiqua lib. IV, cap. 3, pag. 224.

[37]) Roeder, Jo. Paull., Commentatio historica de ortu et progressu civitatis Norimbergensis liberae etc. Norimbergae 1746. S. 38, Anm. **.

[38]) Müllerus, Carol., Claudii Ptolemaei geographia. Parisiis 1883,

pag. 273. Er denkt aber auch an Lorch in Württemberg. — Nach Kiepert, Atlas antiquus. 11. Aufl., Tab. XI ist Locoritum gleich Lohr.

[39]) Müller a. a. O. setzt Bergium gleich Bamberg. Daß Bergium für die Altenburg bei Bamberg zu halten, bemerkt schon Joh. Heinr. v. Falckenstein (Joannes ab Indagine) a. a. O., S. 28, er erinnert aber auch an Schloß Berg bei Fürt, die Alte Veste.

[40]) Archiv des Historischen Vereins von Unterfranken und Aschaffenburg. 40. Bd. in der Abhandlung: Wie alt ist Würzburg? Historische, geographische und linguistische Untersuchung. Schmitt weist S. 222 darauf hin, daß schon nach Bavaria 4, 1, S. 511 sich Segodunum in dem Namen Segnitz erhalten habe, und spricht sich gegen den slavischen Ursprung von Segnitz aus, das man wegen der Endung itz dafür gehalten. Gegen die Ansicht Bacmeisters, der Segodunum in Burg-Sinn wiederfinden will, wendet er mit Recht ein, daß Segodunum südlicher liegen müsse als Locoritum, „dessen Identität mit Lohr schwerlich bestritten werden könne".

[41]) Aventins sämtl. Werke Bd. V, Bayer. Chr. Bd. II, 1, S. 3, 5.

[42]) Singul. Norimb. pag. 30, Anm. ** und 38.

[43]) Capitulare missorum in Theodonis villa datum d. a. 805. Mon. Germ. Hist. 4°. Leg. Sectio II, pag. 123. ib. 2° Leg. I, p. 133.

[44]) Diese neue und höchst kuriose Ansicht brachte Jo. Georgius Eccardus in seinen Leges Francorum Salicae et Ripuariorum etc. Francof. et Lips. 1720 auf, wo er in den Erläuterungen zu dem erwähnten Capitulare seine ganze emendatorische Weisheit auskramt.

[45]) Mündliche Mitteilungen.

[46]) In seinen 1734 erschienenen Analecta Nordgaviensia, I. Nachlese, S. 1 ff. führte er in der Abhandlung: Ob in denen Capitularibus Caroli M. ad omnes generaliter, capit. VII de negotiatoribus, quousque procedant, durch Breemberg Nürnberg zu verstehen, gegen Eccardus den strikten Nachweis, daß unter dem Breemberga des Kapitulare nur das heutige Premberg verstanden werden könne. S. auch dessen (Jo. ab Indagine) Beschreibung der Stadt Nürnberg S. 50.

[47]) Falckenstein, Analecta etc. I. Nachlese S. 6 ff. Die Urkunde Ottos I. vom 4. Februar 961, wodurch er die Erbschaft des Edlen Diotmar in Priemperch im Nordgau in der Grafschaft Bertolds dem Kloster St. Emeram in Regensburg schenkt, abgedr. Mon. Boic. XXVIII, II, S. 188 ff. Diese Urkunde nennt übrigens Premberg nicht, wie Dr. W. Götz in seinem Histor.-Geogr. Handbuch von Bayern I, 757 will, Priemperch juxta amnem Napam, welcher Zusatz erst in einer späteren Urkunde vorkommt. Pez, Thesaur. anecdot. I, p. III, p. 51.

[48]) v. Wölckern, Sing. Norimb., pag. 59 ff.

[49]) Städtechr. III, 60, 196. Meisterlin schöpfte wahrscheinlich aus einer Aufzeichnung des Egidienklosters zu Nürnberg. Müllner bemerkt nämlich zum Jahre 768, nachdem er sich für seine Erzählung auf die Nürnberger Chroniken berufen, daß er seinen Bericht von der Stiftung der Kapelle aus des Klosters St. Egidien Büchern entnommen habe. Er schließt übrigens die Erbauung der Kapelle durch Karl den Großen auch aus dem Umstande, daß auch an anderen Orten aus gleicher Ursache von ihm Kapellen erbaut worden seien, so bei Nabburg in der großen alten Pfarre, zu Persen gen., und zu Regensburg, bei St. Petersweih gen., welche allerdings in Größe, Form und Gestalt der zu Altenfurt gleich seien.

[50]) Welche Ungereimtheiten über das Alter dieser Kapelle in den ersten Jahrzehnten des vorigen Jahrhunderts selbst angesehene und als Autoritäten geltende Architekten und Kunsthistoriker in die Welt setzten,

sieh bei v. Soden, Historisch-topographische Beschreibung der uralten Kapelle zu Altenfurth bei Nürnberg 1834. Meist wird sie Karl dem Großen zugeschrieben, aber mehrfach ist auch die Ansicht des römischen Ursprungs vertreten. Am nächsten kommt der Wahrheit noch Georg Ernst Waldau, der ihre Entstehung in seinen „Vermischten Beiträgen zur Geschichte der Stadt Nürnberg" Bd. I (1786) in das 11. Jahrhundert setzt. Urkundlich zum erstenmal erwähnt wird sie in der Urkunde König Heinrichs VII. vom 7. Juli 1225 für das Schottenkloster St. Egidien zu Nürnberg. Und in das 12. Jahrhundert, etwa in die Mitte, dürfte wohl ihre Erbauung zu setzen sein.

Neuerdings taucht allerdings wieder die Ansicht auf, sie sei ein Werk des 9. Jahrhunderts. S. im übrigen die vortreffliche Arbeit von Dr. F. T. Schulz, Die Rundkapelle zu Altenfurt bei Nürnberg. Ein Bauwerk des 12. Jahrh. Stud. zur deutschen Kunstgeschichte 94. Heft. Straßburg 1908.

Sollte man nicht wohl eine Gedächtnis- oder Sühnekapelle in ihr zu erblicken haben?

[51]) Casp. Sagittarius, Hist. antiqua liberae atque imperialis civitatis Norimbergae. Tubingae 1679, S. 7 ff., hat die verschiedenen Meinungen zusammengestellt. Für den mons Noricus, der ja schon bei Otto von Freising vorkommt, berief man sich sogar auf das Grabdenkmal Ruprechts von der Pfalz und seiner Gemahlin Elisabeth vom Jahre 1400, welches diese als Norici Montis burggravia bezeichnet. Ebend. S. 8.

[52]) Pighius Campensis, Steph. Vinand., Hercules Prodicius seu principis juventutis vita et peregrinatio etc. Nova editio. Coloniae 1609. pag. 88, 89: Cum enim Hunni latissima populatione vastarent Europam et ab iisdem barbaris premerentur etiam Norici, incolarum praecipuas quasdam familias in Herciniam silvam velut in latebras profugisse et ubi Pegnesus et Regnesus amnes confluunt, opertuno loco sedem fixisse: atque in colle vicino natura loci firmo et ab incursionibus tuto rudi opere castellum muniisse tradunt Noricorum annales. Pighius gibt dann weiter ungefähr dieselbe Schilderung unter Beifügung einiger ausschmückender Zutaten, wie wir sie schon aus Celtis' Norimberga kennen.

[53]) S. meinen Artikel in der Allg. deutschen Biographie. Seine Annalen und Relationen in seiner eigenen Ausarbeitung und der offiziellen Abschrift für den Rat im kgl. Kreisarchiv Nürnberg. Einen Auszug aus den Annalen aber erst von 1050 an und nur bis 1313 gab Lochner in den Nürnberger Jahrbüchern, Heft 1 u. 2 (1833, 1834), der bekannte Nürnberger Archivsekretär Moritz Maxim. Mayer veröffentlichte sie unter dem Titel: Johann Müllners Rathschreibers Annalen der etc. Stadt Nürnberg. 1. Theil von der ältesten Zeit bis z. J. 1350. Nürnberg 1850. Für die vorliegende Frage s. auch den Aufsatz in den Materialien zur Nürnbergischen Geschichte von D. Joh. Christian Siebenkees. 1. Bd. (1792), S. 186 und besonders den Exkurs 1.

[54]) Joh. Peter Ludewigs, Ihrer Kgl. Maj. in Preussen geheimd. Raths und Reg.-Raths im Herzogthum Magdeburg, wie auch Prof. Jur. und Hist, auf der Fried.-Univers. vollst. Erläuterung der guldenen Bulle etc. 2. Theil. Frankfurt 1719. S. 950 ff.

[55]) Lamberti Hersfeld. annales. Mon Germ Hist. SS, V, 191. Das frühere Vorkommen Nürnbergs (1050), wie es die Annal. Altah. bezeugen, war daraus Ludewig noch nicht bekannt, ebensowenig die Urkunde K. Heinrichs III. vom 16. Juli 1050, von welcher Lang zuerst in seinen Reg. Boic. I, 85 ein Regest gab. Immerhin ist es höchst auffallend, wenn Ludewig a. a. O. S. 954 bemerkt, daß er, wenn er nicht befürchten müsse, zu weitläufig zu

werden, die kaiserlichen Urkunden einrücken würde, woraus hervorgehe, daß der Marktflecken Nürnberg erst i. J. 1050 Marktrecht wie Fürt erhalten hätte. Oder sollten ihm die Urkunden über Nürnberg von 1050 und 1062 doch nicht ganz unbekannt geblieben sein?

In einer späteren Schrift (Reliquiae manuscript. omnis aevi diplomatum. Frankf. tom. VIII, p. 34. 1727) spricht er noch von einem Syllabus oder von einer Matrikel von kaiserlichen Privilegien und Urkunden, welche in Sectio VII eine Urkunde König Heinrichs II. vom Jahre 1001 enthalte, wodurch Nürnberg das Patronat über die Kirchen St. Lorenz, St. Sebald, zum hl. Geist und St. Egidien gegenüber den Ansprüchen der Päpste verliehen worden sei. — Wenn Ludewig eine solche Urkunde in Abschrift oder in einem Auszug besaß, so war sie ohne Zweifel eine grobe Fälschung. Schon Siebenkees (Materialien zur Nürnbergischen Geschichte Bd. 1 (1792), S. 5 und 15) wendet sich mit aller Entschiedenheit gegen eine solche Aufstellung, der gegenüber er bemerkt, daß diese Urkunde sowohl, als auch die weitere König Heinrichs VI. vom Jahre 1198, wodurch er 38 Nürnberger Familien aus dem Volke den Adel und das Patriziat verliehen, nie vorhanden gewesen und der Inhalt ihre Unechtheit verrate. Ludewig behaupte diese Urkunden zu besitzen. „Wie aber," bemerkt Siebenkees, „wenn Kanzler Ludewig die Adelsurkunde, aus welcher er die Namen der Nürnberger Geschlechter anführt, besessen hat? Er besaß sie zuverlässig ebensowenig als die oben gedachte Urkunde vom Jahre 1001; ja, was noch mehr ist, er konnte sie nicht besitzen." Er weist darauf hin, daß die Nürnberger Kirchen, die Ludewig anführt, unmöglich schon im Jahre 1001 bestanden haben können, und betont besonders noch, daß die Kirche zum hl. Geist erst in der ersten Hälfte des 14. Jahrhunderts erbaut worden sei. Man kann ihm in seinen Ausführungen nur beipflichten, und noch so manche andere Momente ließen sich gegen die durch nichts belegten Behauptungen Ludewigs ins Feld führen. Die Angabe, daß König Heinrich VI. Adel und Patriziat an 38 Nürnberger Familien verliehen, ging bekanntlich auf den bayr. Herold Georg Rixner zurück, eine grobe Fälschung, die schon Müllner als solche nachwies.

[56]) In den Reliquiae manuscriptorum omnis aevi diplomatum ac manuscriptorum ineditorum adhuc. tom. VIII. Francf. et Lips. 1727.

[57]) S. die Anm. 28, 46, 47. Schon in seinen Analecta Nordgaviensia I—III (Schwabach 1734, 1735 u. 1743) hatte er sich mit den Nürnb. Gründungsgeschichten kurz beschäftigt. Gegen Falckensteins Kritik richtete sich die 1750 erschienene anonyme Schrift: Unpartheyische zu gründlicher Einsicht und Beurteilung der Nordgauischen und Nürnbergischen Altertümmer dienende, auch auf Veranlassung und Verlangen mitgeteilte Sätze und Fragstücke, die den Nürnberger Konsulenten L. C. von Wölckern zum Verfasser hatte, die selbst dem sonst so vorsichtigen Gg. Andreas Will als eine A n t w o r t erschien (S. Wills Bibliotheca Norica I (1772), S. 82, Nr. 306), aber eine Widerlegung Falckensteins wird man vergebens darin suchen.

[58]) Analecta Nordgav. III, 7.

[59]) J. B. Seidel, Versuch einer kurz gefaßten, doch gründlichen Abhandlung von dem Burggrafthum Nürnberg. Eisenach 1752.

[60]) [D. Joh. Fried. Siebenkees], Kleine Chronik von Nürnberg. Altdorf 1790. S. 1 ff. Ders., Materialien zur Nürnb. Geschichte. 1. Bd. 1792. S. 1 ff. in dem Aufsatz: Von Urkunden als Quellen der Nürnbergischen Geschichte. S. auch den beachtenswerten Artikel ebendas. S. 57 ff: Von Denkmälern als Quellen der Nürnb. Geschichte und den weiteren: Ueber die älteste Gesch. Nürnbergs, ebend. S. 315, worin er allerdings bemerkt,

daß sich das historische Leben Nürnbergs nicht über das Jahr 1000 zurückführen lasse, daß dessen Entstehung aber „durch Schlüsse und Folgerungen“ vielleicht schon ins 10. Jahrhundert gesetzt werden könne.

[61]) S. dessen Bemerkungen zu der in Anm. 57 angeführten Schrift v. Wölckerns in der Bibliotheca Norica Williana 1. Bd. (1772), Nr. 306.

[62]) Museum Noricum, Hrgg. von G. A. Will 1759, S. 313 ff. Will veröffentlicht hier ein Fragment einer Nürnbergisch. Kirchengeschichte Hn. Carl Christian Hirschens, weiland Diaconi zu St. Lorenzen in Nürnberg, der schon 1754 gestorben war.

[63]) [Truckenbrot, Mich.], Nachrichten zur Geschichte der Stadt Nürnberg, 2. Bd. (1786), S. 232 ff. Er hält die Meinung der Gründung durch die Noriker zunächst für möglich, kurz nachher aber schon für die wahrscheinlichste. Dann aber ist auch ihm „die wahrscheinlichste und ungekünstelte Meinung gewiß diese, daß Nürnberg seinen Namen von dem Nordgau erhalten, in welchem es liegt“ (S. 231).

[64]) Christoph Gottlieb v. Murr, Beschreibung der vornehmsten Merkwürdigkeiten in der Reichsstadt Nürnberg etc. etc. 1. Aufl. (1778), S. 12. 2. Aufl. (1801), S. 30, wo er die Gründung Nürnbergs durch die Noriker im 9. Jahrhundert für wahrscheinlich hält: „Noricorum mons, der Noriker Berg, woraus nachher der Name Nürnberg entstand.“ Aber „aus Nordenberg kann er auch entstanden sein“, für welche Deutung er sich auf M. Theoph. Christoph. Harles, De originatione vocabuli Nvrenberg disquisitio problematica. Erlangae. 1764 beruft.

[65]) [Moritz Maximil. Mayer], Kleine Chronik der Reichsstadt Nürnberg. Zweite Ausgabe. Nürnberg, S. 12: „Die ersten Bewohner der Gegend mögen wohl Narisker oder Noriker, d. h. Leute aus den südlich von der Donau gelegenen Ländern, dem heutigen Bayern, Steiermark und Kärnten, welche sich im Jahre 451 vor den Zügen der Hunnen unter Attila geflüchtet hatten, gewesen sein, und von ihnen mag wohl die Stadt den Namen Noriker Berg (Noricorum mons), Nürnberg, wie ja der Name der Stadt in dem Munde des Volkes noch heute lautet, bekommen haben.“

[66]) Joh. Paul Priem, Geschichte der Stadt Nürnberg, 1875, S. 2. „Weniger [als gegen die römische Gründung] dürfte sich gegen die Annahme Gundlings [die Ansicht bestand schon 2 Jahrhunderte vor ihm] einwenden lassen, daß die Bewohner des alten Noricums sich in die Nürnberger Gegend geflüchtet und dort angesiedelt hätten. Wenn sie auch anfangs in zerstreuten Hütten wohnten und in den dichten Wäldern Jagd, Bienenzucht und Köhlerei trieben, so ist doch wohl auch anzunehmen, daß sie sich vor feindlichem Andrang hinter schützenden Gräben und Mauern fest zusammenscharten und vom hohen Wartturm aus nach etwa nahenden Feinden spähten, um deren Ueberfälle abzuwehren. Der noch heute stehende sog. „fünfeckige Turm“ kann wohl für einen solchen Wartturm gelten; wenigstens darf er als das älteste Gebäude in Nürnberg betrachtet werden.“

Hier weiß die Phantasie des Dichters die alte Meinung noch in entsprechender Weise zu ergänzen und auszuschmücken.

[67]) S. S. 11 und Anm. 29, sowie den Exkurs 2.

[68]) Dr. Friedr. Mayer, Nürnberg im 19. Jahrhundert. Nürnberg 1843. S. IX. „Der historischen Bedeutsamkeit nach hat Nürnberg kein sehr hohes Alter, auch finden sich keine Denkmale, welche Veranlassung geben könnten, Nürnbergs Erbauung in die Römerzeit zu setzen (es liegt ja die Stadt ganz außer der Richtung des Römerzuges), ebensowenig sind Beweise vorhanden, welche Nürnbergs Entstehung in den ältesten Kultur-

fortschritt Deutschlands setzen ließen." Auch wenn er daran denkt (S. XI), den Ort über den Zeitpunkt von 1050 zurückzuführen, ist er äußerst vorsichtig. „Die urkundliche Bestätigung vom Jahre 1050 weist übrigens die Behauptung nicht zurück, daß Nürnberg schon früher in untergeordneten Rangverhältnissen bestanden habe, es ist aber aus jenen Zeiten nur die Rede von den Bekehrungen der Heiden um Nürnberg durch St. Bonifazius (745), welcher die hölzerne Peterskapelle an den Ort der heutigen St. Sebaldkirche gebaut habe. Große Ausdehnung hatte Nürnberg bei seiner Entstehung gewiß nicht und seine Erweiterungen geschahen allmählich, deren vorletzte man noch deutlich verfolgen kann. Die Beschäftigungen der ersten Bewohner mögen wohl im Anbau der Umgegend nach Ausreutung der Wälder, in Bienenzucht, Jagd, Fischerei bestanden haben, eine sehr schmale Basis für politische Kultur und Humanität, die sich später eine so breite Bahn gebrochen haben." In letzterem Punkte begegnet er sich einigermaßen mit Lochner, geht aber immerhin vorsichtiger zu Werke als dieser. Das geschichtliche Nürnberg läßt er aber bestimmt mit 1050 beginnen, und wenn er auch von Nachrichten über das Auftreten des hl. Bonifazius spricht, so läßt er doch durchblicken, daß er darauf wenig Gewicht legt.

[69]) Leonh. Wilh. Marx, Geschichte der Reichsstadt Nürnberg. 1861. S. 18 ff.

[70]) Dr. F. W. Ghillany, Nürnberg histor. u. topographisch nach den ältesten vorhandenen Quellen und Urkunden, München 1863. S. 7 f.

[71]) Ostfränk. und Nürnberg. Befestigungsbauten. Vortrag geh. im Verein für Gesch. der Stadt Nürnberg von Hauptmann a. D. Eman. Seyler. Abgedr. in der Fränkischen Morgenzeitung Nr. 302—304 und in den gleichen Nummern der Nordbayer. Zeitung. Seine wiederholt in anderen Schriften vorgetragenen Ansichten bezüglich der limitanei milites, der Agrarien und Exkubien, die er neuerdings in der Schrift: Der Römerforschung Leistungen und Irrtümer niedergelegt, zurückgewiesen in Nr. 50 des Lit. Zentralblattes 1907, Sp. 1606 f. S. übrigens Exkurs Nr. 3.

[72]) C. Winkler, kgl. Baurat und Konservator, Kaiserschloß und Burggrafenburg Nürnberg. Eine archäologische Studie über ihren mutmaßlichen Zustand zu Anfang des 15. Jahrhunderts. Colmar 1898.

[73]) Paradisus terrestris, d. i. Irdisches Paradeiß vnd Garten Gottes in Eden. Eigentliche Beschreibung, in welchem Lande daselbige gestanden und wie lang Adam und Eva, unsere ersten Eltern, darinnen geblieben etc. etc. Nürnberg bei Christoph und Paul Endtern, Buchhändlern. In Verlegung deß Autores. 1661.

[74]) Irdisches Jerusalem, d. i. Histor. u. mathem. Beschreib. vom ersten Ursprung und anfängl. Erbauung derer resp. uralten königl. Residentz- und Hauptstädte Jerusalem und Samaria, von deroselben geführten Kriegen etc. So dann Von merer Vergleich. der biblisch. und heidnisch. Histor. zur Zeit der siebenzigjähr. Gefängnis der Juden etc. etc. Gestellet durch Andream Goldmayer etc. Ein höchst seltenes Büchlein das ich nach langem Suchen in der kgl. Landesbibliothek in Stuttgart fand.

[75]) Karl Heinrich Ritter von Lang, Baierns Gauen nach den drei Volksstämmen der Alemannen, Franken und Baioaren. Nürnberg 1830. S. 115: „Wer weiß am Ende, ob nicht gar aus dem Slavischen von Hora, der Berg, Na-Horu, auf dem Berg, Nohoranje, Norici, überhaupt die Bergbewohner bedeuten, s. Choix de Poésies Polonaises Gott. 1816; daher in verdoppelter slavisch-deutscher Benennung Nürnberg, d. i. Norje-Berg, gleich Berg-Berg, und noch bis zur neuesten Zeit Burggraftum Nürnberg auf dem Gebirge kommen möchte."

Ders. im 2. Jahresbericht des histor. Vereins im Rezat-Kreis für das Jahr 1831. Blicke vom Standpunkt der slavischen Sprache auf die älteste Geschichte und Topographie von Franken S. 44: „Noricum; ist offenbar den Römern selbst ein fremdes Wort gewesen; wie uns noch immer bedünkt von Hora, Chora, das Gebirg, Nahorje, auf dem Gebirg; also Nornberg ein slavisch-deutscher Doppelname, Berg-Berg; dem entspricht der noch bis zur letzten Zeit gebliebene Kanzleistil: Burggraftum Nürnberg, oberhalb und unterhalb Gebirgs". Selbst Nordgau, „das fränkische Noricum, Nor-gäu", soll seinen Namen durch Uebertragung vom „Krainisch-Kärntnischen Noricum" erhalten haben. S. auch Lang, Baierns Gauen 1830. S. 115. Auf diese Stellen bezugnehmend bemerkt dann Lochner in der Einleitung zu den „Nürnberger Jahrbüchern" S. 5, Anmerkung, diese Erklärung sei dadurch „fast zur Gewißheit erhoben worden", woran zu zweifeln wohl erlaubt sein dürfte.

[76]) Lochner a. a. O., S. 6. Dieser Meinung war auch der noch in den 70er und 80er Jahren am kgl. allg. Reichsarchiv zu München beschäftigte Germanist Roth.

[77]) Mehlis im Korrespondenzblatt des Gesamtvereins der deutschen Geschichts- und Altertumsvereine 1888, S. 139 ff. Rée, Wanderungen durch das alte Nürnberg. 1889. S. 10.

[78]) Eduard Reichl, Dr. Justizrat, Nürnbergs Name. Ein Erinnerungsblatt zur fünfzigjährigen Jubelfeier des German. Museums. Selbstverlag. Eger 1903. S. dagegen meine Erwiderung: Die neueste Ableitung des Namens Nürnberg aus dem Slavischen und die angeblich slavische Ansiedlung in der Solach am Röthenbach im Nürnberger Reichswald. 16. Heft der Mitt. des Vereins für Gesch. der Stadt Nürnberg, S. 218 ff.

[79]) Lochner a. a. O. S. 2: „Sand oder in tiefer gelegenen Stellen stockender Moorgrund bedurfte der arbeitsamen und unermüdeten Hand des slavischen Ansiedlers, um zu dieser jetzigen Fruchtbarkeit erhöht zu werden." S. 3: „und die wenigen Ueberreste, die an ein Geschlecht mit anderer Sprache und anderem Glauben erinnern, sind nur aus der Sprache und den bloß durch Ueberlieferung ohne eigentlichen Sinn noch geübten Gebräuchen des Landvolks zu entnehmen, das, wie es überall den Wald ausgereutet und den Boden urbar gemacht hat, offenbar zu dem fleißigen Stamme der Slaven gehört, die über das ehemalige Fürstentum Baireuth ober- und unterhalb des Gebürgs, zwischen dessen beiden Teilen Nürnberg wie in der Mitte liegt, weithin verbreitet sind." — Derselbe, Nürnbergs Vorzeit und Gegenwart, S. 18, 19: Schon in frühester Zeit „wahrscheinlich schon unter Karl d. Gr., gewiß aber unter den folgenden Karolingern" habe sich das Slavenelement als breite Grundlage im Lande um Nürnberg herum entweder sich selbst angesiedelt oder sei mit Zwang dahin verpflanzt worden, und zum Christentum bekehrt und zu deutscher Sitte gezwungen, habe es für den Anbau und die Kultur des von ihm urbar gemachten Bodens viel getan. Von den alten Gebräuchen soll das Totensingen um Mitfasten besonders ein Ueberrest aus slavischer Zeit sein, dann die Trachten und die Bauart der Bauernhäuser. Letzteres eine heute noch vielfach festgehaltene Annahme. S. a. Dr. Paulus Ewald, Geschichte der Pfarrei Poppenreuth von den ältesten Zeiten bis jetzt. Nürnberg 1831. S. 5. Die Tracht ist nichts anderes als die deutsche Tracht des 16. Jahrhunderts, die älteren Häuser fielen, wie sich urkundlich nachweisen läßt, sämtlich den Verheerungen des 2. markgräflichen und des 30jährigen Krieges zum Opfer, und warum die vorhergehenden, deren Bauart wir nicht einmal kennen, gerade wendisch gewesen sein sollen, läßt sich nicht absehen.

Das Walmdach bildet übrigens kein Merkmal, da es auch in urdeutschen Gegenden vorkommt. Und daß endlich das Totensingen nur ein slavischer Brauch gewesen, dafür dürfte der Beweis wohl schwer zu erbringen sein. Aber es mußte nun einmal auch das Gebiet des Knoblauchlandes, wie das ganze Gebiet des alten Nürnberger Reichswaldes, als Slavenland um jeden Preis in Anspruch genommen werden. S. auch meine Abhandlung: Geschichtliches über Nürnbergs Umgegend in der Festschrift zur 32. Wanderversammlung bayer. Landwirte in Nürnberg. Nürnberg 1895. S. 1ff.

[80]) Prof. Dr. Jos. Sepp in der Allg. Zeit. im Anfang der 80er Jahre.

[81]) Guido v. List, Das Geheimnis der Runen. Mit einer Runentafel. Erstes und zweites Tausend. Verlegt bei Paul Zillmann in Groß-Lichterfelde [1907]. S. 43. Die Stelle ist zu amüsant, als daß ich mir versagen könnte, sie hier wiederzugeben. „Der Jungfernadler des Nürnberger Wappens hat erst Bedeutung, wenn man ihn mit seinem alten Namen, nämlich mit „wipare“ anspricht, was heute Weibaar lauten würde, aber in dem Worte Weberin (Weberin = Webarin = Wibarin = Weibarin) enthalten ist. Er bezeichnet die Schicksalsweberin, die „Norne“, von der Nürnberg benannt ist und redet daher wie jedes — echte! — alte Wappen. Wibare, die Weberin, ist aber gleichzeitig die Arkona (Sonnenfrau) wie auch die „Urkona“ (Urfrau, Urmutter, Ahnfrau) und darum wiederum die „weiße“ Frau, von der so viele Burg- und Schloßsagen berichten und welche auch in der Burg von Nürnberg heimisch ist. Auch die Sage der „weißen oder Ahnfrau“ gehört mit zu dem Bereiche der Hieroglyphik, denn sie findet sich immer nur an einem Ur- oder Entstehungsorte zum Neuerstehen, niemals aber an einem Waltungsorte.“ Es schwindelt einem bei diesen runenhaften Ausführungen. Aber so geht es durch das ganze Buch, und man muß sich in der Tat wundern, daß es in einer Auflage von 2000 Exemplaren erschienen ist und sich als 1. Folge, 1. Heft der Guido von List-Bücherei ankündigt.

[82]) Mummenhoff, Ernst, Altnürnberg. 22. Bd. der Bayer. Bibl. Bamberg 1890. S. 4, Anm.

[83]) Dr. Uibeleisen im 45. Jahresbericht des hist. Ver. von Mittelfranken (1896) S. 92ff.

[84]) Dr. Aug. Gebhardt im Fränk. Kurier 1898, Nr. 186 u. 187.

[85]) Jahresbericht des Vereins für Geschichte der Stadt Nürnberg über das 23. Vereinsjahr (1900), S. 20, 21.

[86]) S. Mitteil. des Vereins für Gesch. der Stadt Nürnberg Heft 18, S. 236ff.

[87]) Urkunde vom 1. Nov. 1007. Mon. Boic. XXVIII, II, Nr. 228.

[88]) Fronmüller, Dr. sen., Geschichte der Stadt Fürth. 2. Aufl. 1887. S. 5 u. 6. Fr. stützt sich außer auf Dümmler noch besonders auf Jäck, Bambergische Jahrbücher. 1829, S. 9.

[89]) Böhmer-Mühlbacher, Reg. imp. I, Nr. 1987.

[90]) E. Dümmler, Gesch. des ostfränkischen Reichs II, S. 544.

[91]) Lang, Reg. circ. Rezatens. 1837, S. 25. Urkunde Bischof Eberhards von Bamberg um 1040. Das Jahr 1025 bei Lang nicht zu halten. S. die Ausführung S. 104f.

[92]) Urk. K. Heinrichs II. vom 19. Juli 1062 für das Domkapitel zu Bamberg. Mon. Boic. XXIX, I, Nr. 406.

[93]) Böhmer-Mühlbacher Reg. imp. I, Nr. 1988.

[94]) Mon. Boic. XXVIII, II, Nr. 309.

[95]) Ebend. Nr. 311. Poppenreut ist nicht unter diesen Besitzungen, wenn es auch zu den ältesten Ortschaften des Knoblauchlandes gehört,

wenn nicht gar die älteste ist. Es ist übrigens nicht angängig, in unserem Poppenreut etwa eine Gründung eines Poppo von Stierberg zu finden. Privatdozent Dr. August Gebhardt meint nämlich, daß die Herrn v. Stierberg, bei denen der Vorname Poppo sehr häufig gewesen, Besitzer von Poppenreut gewesen. S. den Auszug seines Vortrags über „die Erklärung deutscher Ortsnamen" im Jahresber. des Vereins für Geschichte der Stadt Nürnberg über das Jahr 1906, S. 32. Die Urkunde Bischof Eckenberts von Bamberg v. J. 1207 (Mon. Boic. XIII, S. 198), worin Poppo von Stierberg, der Ministeriale des Bischofs, auf die Villa Poppenreut, die er von dem Bruder des Bischofs Herzog Otto von Meran zu Lehen getragen, um 93 ℔ zugunsten des Klosters Prüfening verzichtet, läßt deutlich erkennen, daß nicht das bei Nürnberg gelegene Poppenreut gemeint sein kann. Von vornherein ist es nicht sehr wahrscheinlich, daß das Kloster auf die Erwerbung eines so weit abgelegenen Ortes Gewicht gelegt hätte. Der Ort, der 1207 an Kloster Prüfening kam, wird später (1289, ebend. S. 236) mit weiteren Ortschaften des Klosters, z. B. dem unmittelbar vorhergehenden Gebenbach und dem baldfolgenden Schäflohe, beide im Bezirksamt Amberg, genannt. Höchst wahrscheinlich ist Poppenreut im Landgericht Erbendorf und Bezirksamt Weiden gemeint. — Auch G. A. Will in seinen „Briefen über eine Reise nach Sachsen." Altdorf 1785. S. 197 hält unser Poppenreut für jenes der Urkunde v. J. 1207, „weil sich ein anderes Poppenreut in Baiern schwer finden lasse."

[96]) Siegfr. Hirsch, Jahrb. des Deutschen Reichs unter Heinrich II., II, 28.

[97]) Ebend. II, 30.

[98]) Lang, Reg. circuli Rezatensis S. 25. Das Regest ist ungenau und läßt insbesondere nicht erkennen, daß die Partinenzien auf der rechten Seite der Regnitz, also im Sebalder Reichswald, liegen. Ganz fehlerhaft ist die Urkunde abgedruckt bei Schneidawind, Versuch einer statist. Beschreibung des Hochstifts Bamberg. 1797. S. 107 ff. S. den Abdruck der Urkunde als Beilage II, 1. Ueber die termini Francorum bemerkt er: „Das Prädium Uraha grenzte auf einer Seite an die Regnitz. Hier waren die termini Francorum. Denn das andere Ufer der Regnitz lag im Nordgau". Die termini Francorum, als Grenzen aufgefaßt, sind ganz unhaltbar. Die Stelle heißt: Uraha ... cum omnibus appendiciis suis sitis in altera parte Ratenze, terra scilicet et terminis Francorum (nicht terminus, wie ganz unverständlich bei Schneidawind), wenn wir es deutlich übersetzen: Uraha mit allen seinen Zugehörungen, die auf der anderen Seite der Rednitz im Lande und Gebiete der Franken liegen. Termini hier mit Grenzen übersetzen zu wollen, hat gar keinen Sinn, es sind vielmehr die das Gebiet umschließenden Grenzen gemeint, höchstens könnte man Grenzgebiet, Grenzmark setzen. Mit einem Worte: terra et termini sind, wie nicht anders angenommen werden kann, Synonyma. Die Zugehörungen aber liegen nach der Urkunde noch im Frankenlande, wenn es hier auch durch bayerische Ansiedler kolonisiert worden war, und es ist der rechts oder östlich von der heutigen Regnitz (Ratanza oder Ratenze) gelegene Distrikt des Sebalder Waldes nach der Urkunde Bischof Eberhards zum fränkischen Gebiet gerechnet. Daß andere Urkunden, z. B. der Jndiculus der Königshöfe v. J. 1064, Nürnberg wieder zu Bayern zählen, hat einmal seinen Grund darin, daß die fränkischen Königshöfe gar nicht ausgeschieden sind und daß wir es, wie schon angedeutet, mit einem Grenzgebiet zu tun haben. In der Tat gehörte ja, wie auch aus der Sprache hervorgeht, die Gegend rechts der Regnitz mit Nürnberg zu Bayern.

Zeuß, die deutschen und die Nachbarstämme, S. 376, Anm. 2 bezieht, die Stelle nur unvollständig wiedergebend, die Bestimmung in terra et terminis Francorum auf den Haupthof Aurach, während die Urkunde doch ganz ausdrücklich die Partinenzien auf der rechten Seite der Regnitz im Auge hat.

[99]) Annales Altah. major. in Mon. Germ. hist. SS. 20, S. 805. Herim. Augien. Chron. ebend. SS. V, S. 129. Böhmer, Reg. 911—1313, N. 1607 nach Lang, Reg. Boic. I, 85.

[100]) Böhmer a. a. O., Nr. 1621.

[101]) Ebend. Nr. 1282, nach v. Salis, Fragmente des Staatsgesch. der Thals Veltlin, IV, 25.

[102]) Der Reichsstadt Nürnberg geschichtlicher Entwicklungsgang. Leipzig 1898. S. 6 u. 7.

[103]) Veröffentlicht in der Inauguraldiss. von W. Küster, Das Reichsgut in den Jahren 1273—1313 nebst einer Ausgabe und Kritik des Nürnberger Salbüchleins. Leipzig 1883, und früher wiederholt.

[104]) Mon. Germ. hist. Leg. IV. Const. tom. I, p. 646 sq.:

Indiculus curiarum ad mensam regiam pertinentium (1064—1065). Zunächst werden die Höfe in Sachsen, dann die im rheinischen Franken aufgezählt, worauf die in Bayern folgen:

Item iste sunt curie de Bawaria: Nuremberc dat II regalia servitia; item Grenda I; item Scybol I; item Botinga I; item Wizenborc I; item Nuremberc castrum VII; item Gradinga V; item Nuvemburc supra Danubium II; item Crusa III; item Nuerenwat cum multis mansis; item Turenberc II. Item iste sunt curie de Bawaria, dant XXVI regalia servitia et tam magna sicut illa de Francia. Bezüglich Nürnbergs, das als Hof und als Burg zu dienen hat, bemerkt der Herausgeber: Nürnberc; quae curia, quod a castro Nürnberc distincta est, certe mireris. Emendandum ergo mihi videtur Nuvenburc i. e. Neuburg vorm Wald, provinciae Oberpfalz ad flumen Schwarzach situm. Hier ist nichts zu emendieren und besonders nicht in einer so gewalttätigen Weise, wie es dem Herausgeber beliebt. Es ist beidemale Nuremberc zu setzen, wie es die Vorlage hat. Diese Stelle aber bildet einen höchst wichtigen Beleg dafür, daß 1064 und schon vorher in Nürnberg königliches Hofgut und königliches Burggut unterschieden wurde. An dieser Annahme ändert auch der Umstand nichts, daß Hof und Burg nicht unmittelbar neben einander aufgeführt werden. Wer weiß, wie eine genaue Ordnung nicht die starke Seite der alten Skribenten war, die die einzelnen Orte aufschrieben, wie sie ihnen gerade einfielen, wird daran nichts Auffallendes sehen.

[105]) Riedel, Ueber den Ursprung und die Natur der Burggrafschaft Nürnberg in den Philol. und histor. Abhandl. der kgl. Akademie der Wissenschaften, Jahrg. 1854, S. 365 ff. und die Ahnherrn des preußischen Königshauses ebend., S. 51 ff.

[106]) Essenwein, Die Doppelkapelle der Kaiserburg zu Nürnberg und ihre Bedeutung als Mausoleum der Burggrafen im Anzeiger für Kunde der deutschen Vorzeit, 1878, Sp. 265 ff.

[107]) Heinr. Vocke, kgl. Bezirksgerichtsrat, Das burggräfl. Schloß zu Nürnberg, S. 3, 6.

[108]) Städtechr. III, 89, 207.

[109]) Er war übrigens gar nicht im Mai, sondern erst, wenn die von Riedel angezogene Urkunde überhaupt beweisend ist, im Juli 1138 in Nürnberg. S. die Urkunde M. B. XXII, 169, Nr. 4 über die Schenkung eines Gutes zu Beutenhausen an St. Ulrich und Afra in Augsburg, die

1137 ausgestellt ist (im Regest ist 1136 angegeben). Vgl. dazu M. B. XXIX, I, Nr. 468, wonach das Diplom actum Juli 1138, datum 28. Mai 1142. Stumpf-Brentano, Kaiserurkunden, Nr. 3445 führt die Urkunde nur unterm 28. Mai 1142 auf mit der Bemerkung: „(Das Datum des Jahres, der Ind. und Reg. steht auf Rasur geschrieben), — Mit 1137. ind. I, ann. reg. I (statt MCXLII. ind. V. ann. reg. V)."

[110]) Rietschel erklärt die Angabe, daß Nürnberg nach seiner Uebergabe an König Lothar Herzog Heinrich dem Stolzen als Lehen verliehen worden und ihm bis zu des Königs Tode zugestanden habe, für unbegründet (a. a. O. S. 108, Anm. 2) und bezieht sich deshalb auf Bernhardi (Lothar von Supplinburg S. 126, Anm. 21). Bis dahin hatte die Stelle in der Hist. Welf. Weing. (SS. XXI, 463) als vollgültiger Beweis gegolten: ipse vero [Heinricus dux] ad imperatorem reversus ducatum Saxoniae, Nourenberch, Gredingen et omnia beneficia, quae imperator ab episcopis et abbatibus habebat, suscepit.

Bernhardi hält es für sehr wahrscheinlich, daß die Kirchenlehen, die Lothar als Herzog von Sachsen besaß, damals an seinen Schwiegersohn kamen, und Greding sei wahrscheinlich ein solches Kirchenlehen gewesen.

„Zweifelhaft wird es bleiben", fährt Bernhardi fort, „ob Nourenberch die richtige Lesart, ob Nürnberg gemeint ist". Einen anderen passenden, Nürnberg ähnlichen Städtenamen einzusetzen, dürfte übrigens schwer halten und als Willkür bezeichnet werden müssen. Warum Nürnberg nicht gemeint sein soll, ist nicht abzusehen. Etwa bloß deshalb, weil es, wie Rietschel betont, nur an dieser einen Stelle vorkommt?

Auch der Hinweis bei Bernhardi, daß das Chron. Ursperg. Nürnberg nicht nennt, kann nicht verfangen. Die Stelle lautet hier allerdings: Quo facto venit ad imperatorem Lotharium, socerum suum, apud civitatem Nurenberc et ibi ducatum Saxoniae et omnia beneficia, quae imperator ab episcopis et abbatibus habuit, in beneficia suscepit. Wenn aber, wie Bernhardi zugibt, die Stelle im Chron. Ursperg. aus der Hist. Welf. ausgeschrieben ist, so muß man sich doch wohl an das halten, was die Vorlage bietet. Es mag hier darauf hingewiesen werden, daß Nürnberg wie Greding Königsgut war. Schon im Verzeichnis der zur königlichen Tafel gehörigen Höfe vom Jahre 1064 (s. Anm. 104) wird sowohl Nürnberg als auch Greding genannt. Dann aber kam dieses allem Anschein nach an Eichstätt, darauf an Markgraf Ekbert von Meißen, und nach dessen Empörung gab es Kaiser Heinrich IV. 1091 an die Eichstätter Kirche zurück (Mon. Boic. XXIX, I, Nr. 433). König Lothar aber brachte es wieder an das Reich. Im Nürnberger Salbüchlein wird Greding im Anfang des 14. Jahrhunderts als zur Burg Nürnberg gehörig aufgeführt [1]) und der damalige Nürnberger Landvogt Dietegen von Castel revindizierte 1306 unter König Albrecht die zu Greding gehörigen Güter [2]). Im Salbüchlein ist allerdings vom Amt Greding die Rede, dazu gehörte aber auch der Ort selbst. Der Ausdruck Amt aber läßt darauf schließen, daß, wie ja auch aus der Urkunde von 1306 hervorgeht, ausgedehnte Besitzungen dazu gehörten. Durch Schenkung K. Heinrichs VII v. J. 1311 ging die Stadt

---

[1]) W. Küster, Das Reichsgut in den Jahren 1273—1313. S. 103. Hist. Norimb. dipl. p. 6: Gredingen. Ez gehört auch ze Nuremberg Gredingen, daz der ampt eines ist, und swaz do zue gehört etc.

[2]) Urkunde vom 8. Sept. 1306 im kgl. allg. Reichsarchiv München.

Greding mit allen Nutzungen, Rechten und Zugehörungen wieder an das Bistum Eichstädt zurück.

Wenn aber Lothar Greding wieder an das Reich brachte und es dann mit Nürnberg eng verbunden erscheint, so wird daraus wohl nicht ganz mit Ungrund geschlossen werden dürfen, daß es auch mit letzterem das Schicksal geteilt habe, wie das die Hist. Welf. erzählt.

Bernhardi behauptet übrigens gar nicht, daß die Lesart Nourenberch in der Hist. Welf. unrichtig sei, er bezweifelt nur ihre Richtigkeit. Rietschel aber hält, nur auf Grund von Bernhardis Darlegung und ohne irgend ein neues Beweismoment beizubringen, „die Behauptung für unbegründet." Bewiesen hat er es nicht und so wird es denn wohl erlaubt sein, an der früheren Annahme festzuhalten, die auch Giesebrecht und Riezler vertreten (Giesebrecht, Gesch. der deutschen Kaiserzeit. 4. Bd. (1875), S. 25. Riezler, Gesch. Baierns, 1. Bd., S. 614).

[111]) Wendrinsky a. a. O. Nr. 69 und 71. Städtechr. III, S. 89, Anm. 3. Ch. Fr. Stälin. Wirtemb. Gesch. II, S. 529. Bezüglich der Urkunde vom 28. Mai 1138 (Wendrinsky Nr. 70, Stälin II, 529, Städtechr. III, 89. Stumpf-Brentano 3445) s. Anm. 109.

[112]) Riedel, Ursprung und Natur der Burggrafschaft Nürnberg. Philolog. und histor. Abhandlungen der kgl. Akademie der Wissenschaften zu Berlin 1854. S. 369.

[113]) Außer von den noch zu nennenden Autoren besonders bestimmt ausgesprochen von Essenwein im Anzeiger für Kunde der deutschen Vorzeit 1878, Sp. 276, 277.

[114]) Stumpf-Brentano, Die Wirzburger Immunitätsurkunden. 1874, 1876. Theodor Henner, Die herzogliche Gewalt der Bischöfe von Würzburg. 1874, und neuerdings ganz besonders Herm. Knapp, Die Zenten des Hochstifts Würzburg. 1907. II, 4 ff.

[115]) Knapp a. a. O. 24.

[116]) Reg. Boic. I, 197. Wendrinsky in den Blättern des Vereins für Landeskunde von Niederösterreich. Neue Folge. 13. Jahrg. (1879), S. 132, Nr. 106.

[117]) Reg. Boic. I, 271. Mon. Boic. XLV, Nr. 20. Wendrinsky a. a. O. 135, Nr. 130.

[118]) Gengler, Beiträge zur Rechtsgeschichte Bayerns. 4. Heft (1894), S. 28.

[119]) Zeitschrift für Geschichtswissenschaft. Neue Folge (1897). Das Herzogtum des Bischofs von Würzburg und die fränkischen Landgerichte. S. 195, Anm. 4: „1170. Der Burggraf von Nürnberg wird vom Bischof als vicecomes bezeichnet; das Reg. Lang I, 197, 1150 kann nicht mit Sicherheit hierherbezogen werden."

[120]) Rietschel, Das Burggrafenamt und die hohe Gerichtsbarkeit in den deutschen Bischofsstädten während des früheren Mittelalters, S. 109.

[121]) Die Urkunde Bischof Regenhards von 1178 (Höfler, Fränk. Studien im Archiv für österr. Gesch. IV, 593. Wendrinsky a. a. O., S. 137, Nr. 141) ist lediglich eine Wiederholung jener Bischof Herolds von 1170.

[122]) Die Urkunde von 1170, worin der vicecomes wiederholt genannt wird, ist leider nicht genauer datiert. 1170 wird aber Burggraf Konrad noch in 3 Kaiserurkunden (vom 26. Januar, sowie 13. und 19. März) als Zeuge aufgeführt. Die nächste Urkunde mit Burggraf Konrad als Zeugen ist September oder Oktober 1171 ausgestellt. Wendrinsky a. a. O., S. 135, 136.

[123]) Wendrinsky a. a. O., S. 135, Nr. 130.

[124]) Mon. Boic. XXIX, I, Nr. 482. Urk. 1151, um den 15. September. Mon. Zoll. I, Nr. 6. Wendrinsky a. a. O., S. 133, Nr. 109.

[125]) Wendrinsky a. a. O., Nr. 116.

[126]) Knapp a. a. O. II, 202ff.

[127]) Wendrinsky a. a. O., S. 127, Nr. 67 und 68.

[128]) Stumpf-Brentano, Acta imperii, Nr. 100, S. 117.

[129]) Mon. Boic. XLV, Nr. 4, S. 10.

[130]) Wendrinsky a. a. O., S. 127, Nr. 68.

[131]) Mon. Boic. XXIX, I, Nr. 481.

[132]) Ebenda Nr. 515 und 516, S. 385 und 390. Urkunde vom 10. Juli 1168.

[133]) Vocke a. a. O., S. 14.

[134]) Mon. Zoll. II, Nr. 119.

[135]) Hist. Norimb. dipl. Nr. 314.

[136]) Mummenhoff, Die Burg zu Nürnberg. 2. Aufl. 1899. S. 25, 26. Ders. im Fränk. Kurier 1892, Nr. 250 und 252.

[137]) Mon. Zoll. II, Nr. 110.

[138]) Ebenda Nr. 115.

[139]) Mon. Boic. XXX, I, Nr. 618.

[140]) G. W. K. Lochner, Nürnbergs Gedenkbuch, S. 97.

[141]) Ebend. Nur ist die erste Urkunde (1472) aller Wahrscheinlichkeit nach in das Jahr 1471 zu setzen. Die Urk. 1471 und 1479 im kgl. Kreisarchiv Nürnberg, erstere im Anhang abgedruckt.

[142]) In einer Urkunde vom 9. Februar 1442, wodurch der Kanoniker und Archidiakon der Bamberger Kirche Graf Thomas von Wertheim dem Kaplan Heinrich Gerung zu Nürnberg befiehlt, den Priester der Diözese Würzburg Ulrich Horant in die Kustodie der Spitalkirche zu Nürnberg einzuweisen, wird jener Ulrich Gerung noch als capellanus sancte Walburgis in opido Nurenberg angeführt, während in den Ablaßbriefen aus den 70er Jahren des 15. Jahrhunderts die Kapelle zum hl. Otmar genannt wird.

[143]) Inventar der St. Walburgiskapelle im kgl. Kreisarchiv Nürnberg v. J. 1528.

[144]) Würfel, Diptycha. Beschreibung der Kapelle zum hl. Otmar auf der Vesten S. 143, 144, Ebenso das von Essenwein a. a. O., S. 296 erwähnte Manuskript der Merkelschen Sammlung im Germ. Museum aus dem 18. Jahrh.

[145]) S. Urkundenbeilage Nr. 3 und 4.

[146]) Essenwein a. a. O., Sp. 280.

[147]) Ders. a. a. O., Sp. 294, 295.

[148]) Ders. a. a. O., Sp. 295.

[149]) J. Ficker, Vom Reichsfürstenstande, S. 116, 210 ff.

[150]) Hist. Norimb. dipl. pag. 167. Mon. Zoll. II, pag. 75. Lehenbrief K. Rudolfs für Burggraf Friedrich III. über das Burggrafentum Nürnberg vom 25. Oktober 1273.

[151]) Mon. Boic. XIII, 189. Urk. vom 14. März 1181.

[152]) Böhmers Reg. von 911—1313, Nr. 2660.

[153]) Mon. Germ. Hist. SS. 23, pag. 361. Leg. II, pag. 183.

[154]) Quellen und Erörterungen zur bayer. und deutschen Gesch. Bd. 5, S. 221. Urkunde vom 24. Oktober 1266.

[155]) ebend. S. 234. Urkunde vom 28. September 1269.

[156]) Stälin, Württembergische Geschichte. 2. Teil, S. 528 ff. Wendrinsky a. a. O., S. 127 ff.

[157]) Nichtdatierte Urkunde, wodurch Friedrich II. als König bestimmt, daß niemand auf ihre Höfe Gerichtstage und Kriegsleistungen legen (placita vel reisas ponere vel statuere presumat) und Zuwiderhandelnde sich vor seinem Butigler zu Nürnberg (Conradus, putiglarius noster de Nurenberg) verantworten sollen. Kopialbuch des Klosters Heilsbronn im kgl. Kreisarchiv Nürnberg I, 29. Erwähnt bei Christ. Gottlieb Schwarz, De butigulariis Nürnberg 1723. p. 26.' Nicht angeführt bei Böhmer-Ficker, Reg. imp. V, I.

[158]) Urkunde König Friedrichs II. vom 26. Februar 1213. Mon. Boic. XXX, I, 11.

[159]) Urkunde K. Philipps vom 5. Juli 1200. In dieser wichtigen Urkunde verlautbart der König, daß namentlich genannte freie Leute aus Urfersheim (bei Windsheim) ihre freien Güter und sich selbst dem Reich übergeben haben, um ihm und seinen Nachfolgern auf immer damit zu dienen. Damit sie dem Reich um so verbundener seien, ordnet er an, daß sie jährlich auf Michelstag dem Reich $17^1/_2$ Malter Weizen entrichten und der oberste Reichsbeamte zu Nürnberg sie handhaben und schirmen solle ... quicumque etiam maior fuerit inter officiatos nostros apud Novrinberg, is profecto et non alius preficiatur sepedictis hominibus, ut ad honorem imperii eos manuteneat et defendat. Die Funktion, die der König hier dem major inter officiatos in Nürnberg überträgt, ist dieselbe, welche wenig später dem buticularius zustand. Auf ihn weist auch die Bezeichnung major hin, gleichviel ob wir darin den ersten, vornehmsten Reichsbeamten in Nürnberg oder den major oder major domus, was nur ein anderer Ausdruck für buticularius ist, erblicken wollen.

Schon kurz vorher (15. März 1200) hatte K. Philipp eine ähnliche Urkunde für Lenkersheim bei Uffenheim (Lengirsheim) ausgestellt (Mon. Boic. XXIX, I, 492). Er nimmt die reichsfreien Leute daselbst, die von Alters her das Recht haben, sich einen Schirmherrn zu erwählen und sich jetzt auf immer dem Reich, ihm und seinen Nachfolgern übergeben, unter seinen Schutz. Und dann folgt wieder die Bestimmung, daß quicunque major fuerit inter officiatos nostros apud Novrinberg et quem ipsi ad hoc elegerint, hic memoratis praeficiatur civibus, ut ex parte nostra eos manuteneat et ab ipsis, quam nobis tenentur dare, annuam pensionem quindecim maldra tritici accipiat. Nachdem er ihnen noch einen Markt verliehen und sich den Zoll vorbehalten, gestattet er den Bürgern weiter, daß sie sich aus ihrer Gemeinschaft (de consortio ipsorum) einen Schultheißen, wen sie wollen, erwählen sollen, der von dem Schultheißen zu Nürnberg zu bestätigen sei.

Aus dieser Stelle geht auf das deutlichste hervor, daß bei dem major inter officiatos de Nurnberg nicht etwa der Schultheiß, der jenem zu Lenkersheim vorgesetzt, gemeint ist, sondern ein besonderer Beamter, der nach seiner ganzen Tätigkeit kein anderer sein kann als der später unter dem Namen buticularius auftretende.

Daß der buticularius der vornehmste königliche Beamte in Nürnberg war und dem Schultheißen im Range vorging, bezeugen alle Urkunden. So gleich die Urkunde für Kloster Heilsbronn vom Jahre 1226 (Mon. Boic. II, 159), wo als Zeugen Cunradus putilarius, Albertus Rintismul, Cunradus scultetus angeführt werden, dann aber die vom Buticular Konrad und dem Schultheißen Konrad für die Kirche zu Ansbach ausgestellte Urkunde vom Jahre 1228 (C. F. Jung Miscell. II, 121), wo der mit dem Schultheißen als Aussteller auftretende Buticularius zu Anfang der Urkunde wie in der Zeugenreihe an erster Stelle vor dem Schultheißen erscheint.

Dieselbe Reihenfolge zeigen Urkunden aus den Jahren 1246, wo es heißt: in presencia domini Luipoldi imperatorie maiestatis buttigelarii atque domini Chunradi tunc temporis sculteti, und 1281 (Christ. Gottl. Schwarz de butiglariis pag. 71 und 73). Noch weitere Urkunden könnten beigebracht werden, aus denen die ganz hervorragende Stellung des Buticularius zu Nürnberg auf das unzweideutigste hervorgeht.

Nach Redlich, Rudolf von Habsburg, S. 161, 470 hätte allerdings der Burggraf von Nürnberg das Reichsgut daselbst verwaltet und wäre zugleich Landvogt gewesen, „bis dann unter Albrecht eine eigene Landvogtei Nürnberg eingerichtet wird.“ Der Burggraf von Nürnberg soll sogar „das hervorragendste Beispiel dieser Art sein.“ Den Nachweis für diese Behauptungen ist Redlich allerdings schuldig geblieben.

Daß in der ältesten Zeit der Burggraf auch das Reichsgut mit der Burg verwaltete, soll nicht bestritten werden. Im übrigen verweise ich auf das über den buticularius Gesagte, von dem bei Redlich überhaupt nicht die Rede ist. Die Amtsbefugnisse des buticularius übernahm dann um die Wende des 13. Jahrhunderts der kaiserliche Landvogt. S. E. Mummenhoff, Der Reichsstadt Nürnberg geschichtl. Entwicklungsgang, S. 12, 13, wo noch beizufügen wäre, daß Dietegen von Kastel als kaiserlicher Landvogt schon 1301 urkundlich bezeugt ist.

[160]) Ueber Graf Konrad v. Dornberg, den man bisher wiederholt für den zuerst beglaubigten Kastellan der Kaiserburg hielt, s. den Exkurs 4.

[161]) Mon. Zoll. II, Nr. 110. Urk. Burggraf Friedrichs III. vom 4. Mai 1267.

[162]) Ebendas. Nr. 115. Urk. Bischof Bertolds von Bamberg vom 6. März 1268.

[163]) Mon. Boic. XXX, Nr. 618. Urkunde K. Friedrichs II. vom 30. Januar 1216.

[164]) Essenwein a. a. O., S. 280.

[165]) Herr Konservator am Germ. Museum Dr. Fritz Traug. Schulz teilt mir aus einem von ihm angelegten handschriftlichen Verzeichnisse der Bau- und Kundstdenkmale der Stadt Nürnberg folgendes mit: „Für die Ansetzung des Alters der Kaiserburg in der zweiten Häfte des 12. Jahrhunderts muß als beweiskräftig der pfeilerartige Mauervorsprung am Ostgiebel unmittelbar nordwärts der Kapelle herangezogen werden. Derselbe zeigt nämlich eine breite, nach innen eingeschrägte, jetzt vermauerte Oeffnung mit rings am Gewände herumgeführtem, kräftigem Wulst. Rechts oberhalb davon eine knaufartige Konsole mit Flechtband am mittleren Teil. Diese gehört bestimmt dem Ende des 12. Jahrhunderts an. Die Sandfigur eines Petrus, die sie trägt, stammt aus dem Jahre 1487. Der Mauervorsprung aber, der als Stützpfeiler für den Ostgiebel der Kaiserburg zu betrachten ist, läßt darauf schließen, daß diese noch um einige Jahrzehnte älter ist als die Kapelle.“

[166]) S. bei Essenwein a. a. O. den beigefügten Plan.

[167]) S. meine Burg zu Nürnberg, 2. Aufl., S. 19.

[168]) Essenwein a. a. O. S. d. Plan.

[169]) Der Wortlaut im 5. Kapitel seiner Urbs Norinberga ist folgender: Altera turris veneranda antiquitate conspicua est religioseque a civibus vetus Norinberga nominatur: scabro lapide et foeda situ, ut ab imbribus tempestatibusque exosa est, longi aevi et mutati saeculi evidens signum. Figura eius non rotunda neque tetragona, sed praeter consuetudinem edificiorum nostrorum longa abside deformata.

[170]) Jahresreg. 1428 im kgl. Kreisarchiv Nürnberg.

171) Desgl. v. J. 1429.

172) Essenwein a. a. O., S. 275.

173) Jahrbücher des 15. Jahrhunderts. Städtechron. X, 130.

174) Städtechron. III, 119, 208, 222.

175) Ludw. Schmid, Die älteste Geschichte des Gesamthauses der königl. und fürstlichen Hohenzollern. Tübingen 1888. Bd. III, S. 148, Anm. 2.

176) Ebendas. S. 151.

177) Ebendas. S. 67.

178) Heinr. Gottf. Gengler, Beiträge zur Rechtsgeschichte Bayerns. 4. Heft. Erlangen und Leipzig 1894. S. 28 ff,

179) Siegfr. Rietschel, Das Burggrafenamt und die hohe Gerichtsbarkeit in den deutschen Bischofsstädten während des früheren Mittelalters. Leipzig 1905. S. 111.

180) Städtechr. I., S. XIX. Auch mich ruft er für seine Behauptung als Gewährsmann an. Aber in meinem Altnürnberg S. 12 steht das keineswegs. Ich sage da, daß der Kaiser, „als Nürnberg sich zu entwickeln begann, die Bedeutung des Platzes schärfer hervortrat und das Interesse des Kaisers für das Reichsgut, das hier in fester Geschlossenheit sich ausdehnte, mehr und mehr rege ward", „sich an diesem bevorzugten Orte eine feste Burg errichtete, die er sich für den selbsteigenen Gebrauch bei seiner häufigeren Anwesenheit in Nürnberg vorbehielt." „Dem Beamten aber, der an des Kaisers Statt hier waltete, ward eine besondere Burg ... überwiesen" etc. etc. Damit ist doch keineswegs gesagt, daß die Burggrafen zunächst die Kaiserburg inne hatten und dann auf ihre eigene Burg beschränkt wurden. Gerade das Gegenteil ist aus den Worten, der Kaiser habe seine Burg zu selbsteigenem Gebrauch vorbehalten, zu entnehmen. Ich habe damals schon den kaiserlichen und den burggräflichen Burgkomplex scharf genug auseinander gehalten und wer zwischen den Zeilen zu lesen versteht, wird auch wohl erkennen können, daß ich geneigt war, die Burggrafenburg als die ältere in Anspruch zu nehmen. Aber damals wagte ich noch nicht, es bestimmt und offen auszusprechen, da ich die Sache noch nicht für hinreichend geklärt hielt. Wenige Jahre nach dem Erscheinen meines „Altnürnberg" (1890) schrieb ich in mein Handexemplar die Bemerkung: „Die spätere Burggrafenburg, wie das Burggrafentum selbst Lehen des Kaisers, war ursprünglich die einzige Burg und zugleich auch die Burg des Kaisers. Auf ihr saß der praefectus, der Burggraf, und er blieb auf ihr, die ein erbliches Lehen wurde, als der Kaiser, was vielleicht im 12. Jahrhundert geschah, sich eine eigene, die Reichs- oder Kaiserburg, auf dem westlichen Plateau erbaute. Auf dieser Burg haben die Burggrafen niemals gesessen." Auch in meinem Vortrag: Der Reichsstadt Nürnberg geschichtlicher Entwicklungsgang 1898 spreche ich nicht von einem burggräflichen Besitz auch hinsichtlich der Kaiserburg, ich stelle vielmehr dem Burggrafen den Reichspfleger oder buticularius auf der Reichsburg entgegen. Wenn ich im einzelnen meine Meinung infolge andauernder Beschäftigung mit diesem schwierigen Gegenstande etwas modifizieren mußte, so wird das dem Fachmanne wohl kaum erstaunlich erscheinen.

181) J. Ch. Siebenkees, Material. zur Nürnb. Gesch., I, 185—198.

182) Pirckheimer a. a. O., S. 110 spricht übrigens gar nicht von den Hunnen, sondern läßt die Noriker vor den Römern fliehen. S. Anm. 30.

183) Sebastian Münster, Cosmographia. Basel. 1628. S. 1082.

184) Steph. Pighius, Hercules Prodicius. Nov. ed. Coloniae 1609. pag. 88, 89,

[185]) Davidis Chytraei Chronicon Saxoniae. Lipsiae. s. a. p. 438. Desselben Newe Sachsen Chronica. Leipzig 1596. S. 631.

[186]) Hartman Schedels Weltchronik 1493. S. 100.

[187]) Städtechron. III, 71.

[188]) S. hier besonders seine Artikel in der Nordbayer. Zeitung und der Fränkischen Morgenzeitung 1906, Nr. 304, 305, 306; 1907, Nr 1, 2 u. 168.

[189]) Vocke a. a. O., S. 13.

[190]) S. die Zusammenstellung bei Stälin, Wirtenberg. Geschichte II, 507 ff. Wendrinsky a. a. O. S. 139.

Orts- und Personenregister.

Sachregister.